# ABC del comunismo

# ABC del comunismo

Nikolai Bujarin
Evgueni Preobrazhenski

New York • Oakland • London

Derechos © 2018 Ocean Press y Ocean Sur

Todos los derechos reservados. Ninguna parte de esta publicación puede ser reproducida, conservada en un sistema reproductor o transmitirse en cualquier forma o por cualquier medio electrónico, mecánico, fotocopia, grabación o cualquier otro, sin previa autorización del editor.

Seven Stories Press/Ocean Sur
140 Watts Street
New York, NY 10013
www.sevenstories.com

ISBN: 978-1-925317-60-2

Primera edición 2018

# Índice

Prólogo
  *ABC del comunismo*: una visión
  desde nuestros tiempos    1
  *Jacinto Valdés-Dapena Vivanco*

Dedicatoria    13

Introducción. Nuestro programa    15

Capítulo I. El orden social capitalista    23

Capítulo II. Desenvolvimiento del orden social capitalista    46

Capítulo III. Comunismo y dictadura del proletariado    68

Capítulo IV. Cómo el desarrollo del capitalismo
conduce a la revolución comunista    92

Capítulo V. La II y la III Internacional    139

# Prólogo
## ABC del comunismo: una visión desde nuestros tiempos

I

En marzo de 1919 se fundó en Moscú la Internacional Comunista, designada con este nombre como homenaje de la Revolución Rusa a la obra política y teórica de Carlos Marx y Federico Engels.

Desde antes del triunfo revolucionario de 1917, los bolcheviques habían llegado a la conclusión de que la II Internacional, surgida en 1889, había traicionado los principios teóricos esenciales del marxismo original y se había sumado —en términos de filosofía política, ideología y cultura— a los postulados del reformismo de los partidos socialdemócratas europeos.

Al iniciarse la Primera Guerra Mundial en 1914, la decisión de estos partidos de colaborar con la burguesía de sus respectivos países —salvo contadas excepciones—, en la participación en una guerra de carácter imperialista y colonialista, confirmó la veracidad de las tesis en torno a la bancarrota de la II Internacional expuestas por Lenin en el año 1912.

Inmediatamente después del congreso fundacional de la Internacional Comunista (III Internacional), se reunió en Moscú el VIII Congreso del Partido de los Bolcheviques, celebrado del 18 al 23 de marzo de 1919. Eran los momentos más difíciles y decisivos de la Guerra civil y de la intervención extranjera: el período conocido como Comunismo de guerra (1918-1921), del cual pudo emerger victoriosa la Revolución Bolchevique después de cuantiosas pérdidas en vidas humanas y daños económicos incalculables que habían devastado al país de los soviets.

Mientras el Ejército Rojo, comandado por León Trotski en su condición de Comisario de guerra, se preparaba en Moscú —la ciudad nunca conquistada— para impedir el ataque de las tropas enemigas, el Partido Bolchevique aprobó la resolución que recomendaba la elaboración de un Programa del Partido.

Concluido el VIII Congreso, Nicolás Bujarin, en colaboración con Evgueni Preobrazhenski, decidió escribir *ABC del comunismo*, un texto que de manera didáctica sirviera como material de instrucción para obreros y campesinos, acerca de los principios del comunismo de los bolcheviques.

Los fundamentos del texto se habrían de sustentar en los enfoques centrales expuestos en el VIII Congreso.[1]

Bujarin comenzó la redacción del texto en el verano de 1919 —en plena Guerra civil—, y lo concluyó el 15 de octubre del propio año, durante las batallas decisivas contra el ejército del General zarista Antón Denikin que avanzaba desde el sur hacia Moscú y contra las tropas del general zarista Yudenich que estaban a las puertas de la capital rusa.

*ABC del comunismo* se habría de convertir, en los años veinte del siglo pasado, en un texto de obligada consulta para todos los militantes y revolucionarios en el mundo entero.

Nicolás Bujarin (1888-1938) fue un activo luchador clandestino del bolchevismo desde el año 1906. Por su historial político resultó electo para el Comité Central del Partido en el VI Congreso celebrado en agosto de 1917. Ocupó las más elevadas responsabilidades

---

[1] V.I. Lenin: «VIII Congreso del PC(b) de Rusia», 18-23 de marzo de 1919, en *Obras Escogidas* en tres tomos, T. 3, Editorial Progreso, Moscú 1970, pp. 161-209.

en el Partido Bolchevique como miembro del Comité Central, del Buró Político, director de *Pravda*, miembro del Comité ejecutivo de la III Internacional y presidente de la III Internacional Comunista.

No cabe duda alguna que Lenin lo consideró, y así lo expresó en su testamento, entre sus posibles sucesores. Lo calificó de esta forma: «Bujarin no solo es un valiosísimo y notable teórico del Partido, sino que además, se le considera legítimamente el favorito de todo el Partido, pero sus concepciones teóricas muy difícilmente pueden calificarse de enteramente marxistas, pues hay en él algo de escolástico (jamás ha estudiado y creo que jamás ha entendido la dialéctica)».[2]

Hombre de acción en la primera línea de combate, y teórico creador y original en el campo de las Ciencias Sociales, en especial la Economía política, Bujarin escribió textos esenciales como:

- *La economía mundial y el imperialismo.*
- *La economía política del rentista.*
- *La economía política en la transición* (una importantísima obra para el período de transición al socialismo).
- *Teoría del materialismo histórico* (que habría de convertirse, junto a *ABC del comunismo*, en uno de los textos más estudiados por los partidos comunistas de la III Internacional).
- *Ataque* (selección de ensayos teóricos).
- *El imperialismo y la acumulación del capital.*

Se dedicó además a divulgar y difundir las ideas de la Revolución en: «El programa de los bolcheviques», «De la dictadura del zarismo a la dictadura del proletariado» y «Sobre la cuestión del trotskismo».

---

[2] V.I. Lenin: «Carta al Congreso», en *Obras Escogidas* en tres tomos, T. 3, Editorial Progreso, Moscú 1970, p. 759.

También publicó folletos de propaganda y artículos en periódicos en los que examinó a fondo aspectos de la política económica, la industrialización y la política agraria.

Con la muerte de Lenin en 1924, se inició un período convulso y complejo en el desarrollo del socialismo en la URSS que se caracterizó por la instauración gradual, sistemática y coherente de formas, estilos, concepciones políticas, filosóficas y culturales, contrarias a los postulados establecidos por Lenin y los bolcheviques para la Revolución socialista y la transición al socialismo.

Al asumir Stalin la máxima dirección del Partido Comunista Bolchevique, en su condición de Secretario General, se produjo la escisión en la dirigencia bolchevique tal y como previó Lenin. Esta, asociada a los rasgos autocráticos, burocráticos y autoritarios de Stalin, expuestos también por Lenin para ser presentados al XII Congreso del Partido, determinaron las causas y condiciones que convirtieron al estalinismo en la antítesis del leninismo.

Los más cercanos colaboradores de Lenin en la insurrección y en la creación del poder soviético, entre ellos Bujarin, fueron víctimas de esta política irracional, maniquea, escolástica, contraria a la esencia jurídica, ética, política, filosófica y cultural del marxismo de los bolcheviques. No obstante su obra, y entre ella *ABC del comunismo*, por sus contenidos teóricos e ideológicos, nos permite y obliga a una reflexión desde el presente.

## II

*ABC del comunismo* es ante todo un texto didáctico que, para su análisis, interpretación y dictamen, necesita ser identificado en tiempo y espacio: la Guerra Civil de 1918-1921; la intervención extranjera con la participación de ejércitos profesionales y mercenarios europeos que se unieron para aniquilar, desde sus raíces, al más grande experimento social, político y cultural de los tiempos modernos; y la contrarrevolución interna que llevó la lucha de clases a su más elevado nivel. Solo hombres y mujeres de mente fría, manos limpias y corazón ardiente, pudieron contener y derrotar la restauración capitalista y zarista en la Rusia soviética.

La dedicatoria elaborada por Bujarin para *ABC del comunismo*, con fecha 15 de octubre de 1919, resume en síntesis el espíritu de la época:

> A la personificación de las grandes fuerzas y poder del proletariado, a su heroísmo, a la claridad de su conciencia de clase, a su odio a muerte contra el capitalismo, a sus esfuerzos inauditos por crear una sociedad nueva y al gran Partido Comunista, dedicamos este libro.
>
> Se lo dedicamos al Partido que manda un ejército de millones que viven y mueren en las trincheras, que administra un Estado inmenso, que acarrea leña en sus sábados comunistas, que prepara el día de la insurrección de la humanidad.
>
> Se lo dedicamos a la vieja guardia del Partido, curtida en las luchas y victorias, y a los jóvenes vástagos comunistas, a quienes corresponde dar fin a nuestra obra.
>
> A los luchadores y mártires del Partido, caídos en muchos frentes, agonizantes de torturas en las prisiones, a los que nuestros enemigos fusilaron y ahorcaron, dedicamos este libro.

Años después esta dedicatoria podría ser extendida a Bujarin y Preobrazhenski, víctimas del estalinismo en los tristemente célebres «procesos de Moscú», expresión cimera del culto a la personalidad de Stalin y de la irracionalidad de una teoría pragmática ajena al leninismo y el marxismo.

Solo después del XX Congreso del PCUS, celebrado en febrero de 1956, comenzaría un gradual proceso de reivindicación de la pléyade de octubre de 1917, con la excepción de León Trotski.[3]

---

[3] Consultar el material «Nombres rehabilitados», publicado por la editorial de la Agencia de prensa Novosti, 1989.

La historia absolvió a Bujarin y a la guardia bolchevique de Lenin, la vieja y la nueva, forjada al calor del Octubre Rojo de 1917, y la figura de Stalin, analizada por Jean Paul Sartre, en su ensayo «El fantasma de Stalin», queda a juicio de los científicos sociales que investigan sobre este complejo proceso político que se denomina estalinismo.

En *ABC del comunismo* está la impronta del economista marxista o, para mejor decir, de los economistas marxistas en tanto Preobrazhenski consta como colaborador-autor. Está también el legado del cientista político y del filósofo educado en la obra de los clásicos del marxismo.

El propósito fundamental de la obra es una defensa, en el plano de la teoría y de la praxis política del Programa del Partido Bolchevique adoptado en el VIII Congreso de marzo de 1919, que establecía una ruptura definitiva con el Programa del II Congreso en 1903, dos años antes de la Revolución Rusa de 1905 y catorce años antes de la Revolución de Octubre de 1917. La intención teórica del autor está en dar a conocer la estrategia y las tácticas del bolchevismo en el poder, durante la primera revolución socialista a escala planetaria.

A partir de la interpretación de la teoría económica expuesta por Marx en *El Capital*, Bujarin explica cómo un programa político de los comunistas solo puede formularse a partir de una crítica de la formación económico social capitalista y la propuesta de un sistema político basado en los Soviets.

De manera sencilla pero coherente, y con profundo sentido pedagógico, examina la economía mercantil, el monopolio de los medios de producción en la sociedad capitalista, el trabajo asalariado, las condiciones de producción y cómo estas conducen a la explotación del obrero. Incursiona además en la acumulación originaria del capital y lo que significa la plusvalía.

Lleva al lector a conocer la génesis del capital como fundamento esencial del estado burgués, cuyas funciones define como sistema de protección de los intereses del capital y salvaguarda espiritual de la clase capitalista, es decir, como asociación de capitalistas. El estado legitima el poder económico de la burguesía y crea los instrumentos del poder que aseguran su seguridad y estabilidad en la formación económico-social, cuyos orígenes explican Marx y Engels a partir del concepto de sociedad civil expuestos en *La ideología alemana* y que luego en su obra económica posterior denominan formación económico social.[4]

A partir del examen de la lucha entre la grande y pequeña industria, la lucha entre la pequeña y la gran hacienda en la agricultura, Bujarin presenta el desenvolvimiento del orden social capitalista tomando como ejemplos los Estados Unidos, Alemania y la Rusia zarista.

No es para menospreciar el empleo inteligente de las estadísticas para la representación de los datos económicos esenciales, de fácil comprensión y gran valor para los lectores.

Aspectos esenciales del modo capitalista están explicitados: obreros asalariados y la formación del proletariado a partir de los artesanos, pequeños propietarios, comerciantes en quiebra, la reserva industrial y el trabajo de las mujeres y los niños —fenómenos nada ajenos a la economía global—, sin excluir las consideraciones interesantes y actuales de la prostitución profesional que con nuevas máscaras opera en la sociedad del siglo XXI.

No cabe duda que el dominio y el estudio de la obra cumbre de Marx, *El Capital*, le permite incursionar con una síntesis refinada y lógica en la explicación de tres factores esenciales de la producción: anarquía de la producción, concurrencia y crisis.

---

[4] Carlos Marx y Federico Engels: *La ideología alemana*, Edición revolucionaria, La Habana, 1966, p. 69.

Al seguir la línea tradicional del pensamiento marxista del período se destaca la división en clases que se opera en la sociedad capitalista de principios del siglo XX, aunque no se presenta una conceptualización de las clases sociales con una fundamentación teórica e histórica tan necesaria en el marxismo. Las referencias a las clases sociales están, de manera dispersa en las obras de Marx, Engels y Lenin, pero como objeto de estudio es una ausencia a destacar en la filosofía marxista.

El texto de Engels *La guerra de los campesinos en Alemania* nos demuestra la importancia de la definición integral de las clases sociales para la teoría marxista.

Al seguir también la tendencia del pensamiento económico del período, Bujarin asocia, de forma determinista, la concentración y centralización del capital con el derrumbe del capitalismo y la victoria del comunismo.

En un interesante ejercicio del pensar, *ABC del comunismo* se propone explicar las características del orden social comunista. A partir de los escritos económicos y políticos de Marx y Engels sobre la anarquía de la producción, la concurrencia, las crisis económicas y la división de la sociedad en clases se considera el surgimiento de la sociedad comunista.

Sin referentes teóricos previos, excepto en *La crítica del Programa de Gotha* —cuyo título original es *Glosas marginales al Programa del Partido Obrero Alemán*, escrito por Marx en 1875 y publicado por Engels en la revista *Neue Zeit*, en 1891—, en los textos de los clásicos no aparece un análisis científico de la transición al socialismo.

Bujarin intenta, a partir del triunfo de la Revolución socialista, presentarnos una caracterización del orden social comunista, que opera como una utopía revolucionaria de lo que podría ser el comunismo. Aquí examina la distribución en la sociedad comunista, la organización estatal, el desarrollo de las fuerzas productivas en el comunismo (sistema de producción comunista) y, con acierto, menciona la necesidad de un período de transición, que requiere la dictadura revolucionaria del proletariado, sin el cual no pueden crearse las condiciones de la sociedad futura.

Los bolcheviques, forjados en una sociedad autocrática, feudal, económicamente atrasada en comparación con la culta Europa, sin revolución democrático-burguesa, con una población mayoritariamente campesina, una burguesía nacional incipiente y dependiente del capital europeo, reconocieron que la violencia revolucionaria, la insurrección armada, era la única vía para poder tomar el poder político, y así se conforma el análisis de Bujarin en relación con el poder político y su concepción como instrumento de la revolución socialista y vanguardia de la clase obrera.

Sus enfoques son un estudio de la sociología de la revolución en Rusia.

Con excepcional objetividad explica el impacto de la Primera Guerra Mundial (1914-1918) y las causas y condiciones que la generaron por su carácter imperialista y colonialista; hace una valoración del papel desempeñado por el capitalismo de estado, el capital financiero, los trusts y el militarismo, los que se convierten en factores desencadenantes de la Revolución Rusa de 1917.

En el texto Bujarin hace un análisis explicativo de la Guerra civil que se desarrollaría en el país de los soviets a partir de la revolución y diferencia las guerras justas de las injustas, concluyendo que el capitalismo europeo engendró la guerra imperialista y señalando que en 1912 los bolcheviques habían vaticinado el conflicto bélico como factor desencadenante de la Revolución socialista en Rusia, en correspondencia con la tesis leninista del eslabón más débil de la cadena imperialista.

Bujarin estaba totalmente convencido, y así lo expresa, que en las condiciones de la Rusia zarista solo la lucha armada podía conducir a la toma del poder, y de manera interesante hace una analogía entre la Revolución Rusa y la Comuna de París.

Resulta de suma importancia destacar que en el período de 1918-1921 la reacción de la burguesía europea era impedir a toda costa otra revolución marxista en el continente. Los comunistas alemanes y húngaros fueron reprimidos brutalmente. Burgueses y socialdemócratas se unieron para enfrentar a toda costa los procesos revolucionarios contra el capital.

Al igual que Lenin y siguiendo el modo de pensar del bolchevismo expuesto en *ABC del comunismo*, la Revolución Rusa era el inicio de una revolución socialista que habría de extenderse a otros países europeos. Aunque no se afirma, se infiere que el socialismo, para desarrollarse y consolidarse en la Rusia de los soviets, requiere de la existencia de países europeos económicamente más avanzados, Alemania en primer lugar.

Este enfoque es un presagio de lo que cinco años más tarde se convertiría en una de las polémicas más complejas en el seno de la dirigencia bolchevique: construcción del socialismo en un solo país o revolución permanente.

En el texto se abordan las posiciones del bolchevismo en torno al bolchevismo del movimiento obrero como premisa fundamental de la victoria comunista, aspecto abordado en marzo de 1919 en ocasión del Congreso fundacional de la III Internacional.

Sin la solidaridad internacional, subraya Bujarin, la clase obrera está condenada a la derrota. Toma como experiencias y lecciones las enseñanzas de la I Internacional y la II Internacional. Las causas de la bancarrota de la socialdemocracia europea y, por consiguiente de la II Internacional y su alianza con la burguesía europea, constituyen enfoques interesantes para comprender la conducta política seguida por el reformismo europeo en años posteriores y en particular su miopía política en torno al fascismo italiano y el nacional-socialismo alemán.

Hay que destacar la conexión que se establece entre la disolución de la II Internacional y el problema colonial, que desempeñaría un papel significativo con posterioridad en la agenda de la III Internacional a lo largo de los años veinte y treinta del pasado siglo.

Al final del texto Bujarin resalta la génesis, formación y desarrollo de la III Internacional, sus características esenciales centradas en un retorno a las ideas originales de la doctrina marxista.

## III
## A manera de conclusiones

*ABC del comunismo* concebido como un manual de instrucción política para los militantes comunistas en el mundo entero y escrito en 1919, ofrece una visión del bolchevismo a partir de sus experiencias específicas y particulares antes de la Revolución de 1917 y en los dos primeros años de existencia del Estado soviético. Pretendió fundamentar la teoría marxista aplicada a las condiciones específicas de la Rusia de los zares, los orígenes del bolchevismo y su confrontación tanto con la ideología burguesa como con el reformismo socialdemócrata.

La cultura política, económica y filosófica de Bujarin y Preobrazhenski convirtió a este texto en material de estudio y consulta para los revolucionarios en todo el mundo. Su interpretación del desarrollo de la formación económico-social capitalista es sugerente y convoca al lector a volver a leer *El Capital* o a volver a consultarlo a la luz del siglo XXI.

El tema expuesto acerca de la Guerra civil (conocido, además, como Comunismo de guerra) es una visión histórica del período en que se debatió la supervivencia de la Revolución Bolchevique.

Las tesis acerca de la transición al socialismo, concebidas como una utopía revolucionaria, fueron intentos por avanzar en el futuro en el que se educaron, lucharon y consagraron su vida los bolcheviques, hombres y mujeres, plenamente convencidos de que luchaban por un mundo mejor.

En el 2017 se conmemoró el centenario de la Revolución Rusa, Revolución de Octubre u Octubre Rojo de 1917. Asumamos cualquier término. Lo más importante es señalar que, no obstante su decursar posterior, cambió el curso de la historia del siglo XX. Si existieran dudas al respecto, se pueden consultar las memorias del nacionalsocialismo alemán y los estrategas militares del II Reich, cuyos designios de conquistar Europa y el mundo fueron vencidos y pulverizados en Moscú, Stalingrado, Leningrado, el Arco de Kursk y por último en Berlín, por los mariscales soviéticos forjados en la Revolución Bolchevique, marxista y leninista.

*Jacinto Valdés-Dapena Vivanco*
*2017.*

# Dedicatoria

A la personificación de las grandezas y poder del proletariado, a su heroísmo, a la claridad de su conciencia de clase, a su odio a muerte contra el capitalismo, a sus esfuerzos inauditos por crear una sociedad nueva, y al gran Partido Comunista, dedicamos este libro.

Se lo dedicamos al Partido que manda un ejército de millones que viven y mueren en las trincheras, que administra un Estado inmenso, que acarrea leña en sus Sábados Comunistas, que prepara el día de la resurrección de la Humanidad.

Se lo dedicamos a la vieja guardia del Partido, curtida en las luchas y en las victorias, y a los jóvenes vástagos comunistas, a quienes corresponde dar fin a nuestra obra.

A los luchadores y mártires del Partido caídos en muchos frentes, agonizantes de torturas en las posiciones, a los que nuestros enemigos fusilaron y ahorcaron, dedicamos este libro.

*Bujarin*
*Moscú, 15 octubre 1919.*

# INTRODUCCIÓN
## Nuestro programa

### 1. ¿Qué es un programa?

Todo partido se propone determinados fines, lo mismo un partido de latifundistas o capitalistas que un partido de obreros y campesinos. Es, pues, necesario que cada partido tenga objetivos precisos, porque de lo contrario, pierde el carácter de partido. Si se trata de un partido que represente los intereses de los latifundistas, se propondrá la defensa de los latifundistas: buscando los medios de mantener la propiedad de la tierra, de someter a los campesinos, de vender el grano a los precios más altos posibles, de elevar la renta y de procurarse obreros agrícolas pagados con jornales ínfimos. Igualmente, un partido de capitalistas, de industriales, tendrá sus objetivos propios: obtener la mano de obra barata, ahogar toda protesta de los obreros industriales, buscar nuevos mercados en los que puedan vender las mercancías a precios elevados, obtener grandes ganancias, para lo cual aumentará las horas de trabajo, y sobre todo, crear una situación que quite a los trabajadores toda posibilidad de aspirar a un orden social nuevo; los obreros deben vivir con el convencimiento de que siempre ha habido patronos y que continuarán existiendo mientras exista el hombre. Estos son los objetivos de los industriales. No cabe duda que, naturalmente, los obreros y los campesinos tienen objetivos bien distintos, por ser distintos sus intereses. Un proverbio ruso dice: «Lo que conviene al ruso es mortal para el alemán». La siguiente variante sería muy apropiada. «Lo que al obrero conviene es mortal para el capitalista». Esto significa que el trabajador tiene un fin, el capitalista otro y el latifundista otro. Pero no todos los propietarios se ocupan asiduamente de sus intereses. Más de uno vive en la holganza y en la francachela, sin siquiera tomarse la molestia de revisar las cuentas que le presenta el administrador. Pero también hay muchos obreros y campesinos llenos de despreocupación y apatía. Estos se dicen: «De una manera o la otra conseguiremos ir viviendo, y lo demás, ¿qué nos importa?; así han vivido nuestros antepasados y así seguiremos viviendo nosotros». A esta clase de gente le tiene todo sin cuidado y no comprende ni aun sus propios intereses. Pero los que se preocupan de hacer valer del modo mejor sus intereses se organizan en *un partido*. Al partido no pertenece la totalidad de la clase, sino solo la fracción más enérgica y mejor, que es la que guía a toda la restante. En el *partido de los trabajadores* (el partido de los comunistas bolcheviques) están afiliados los mejores obreros y campesinos. En el partido de los *latifundistas y capitalistas* (cadetes)[1] están afiliados los capitalistas y latifundistas más enérgicos y sus servidores: abogados, profesores, oficiales, generales, etcétera. Todo partido comprende la parte más consciente de aquella clase cuyos intereses representa. Un latifundista o capitalista, organizado en un partido, combatirá a sus campesinos o trabajadores con mayor eficacia que otro no organizado. Del mismo modo, un obrero organizado luchará contra el capitalista o latifundista con mayor éxito que uno no organizado, siendo la razón de esto el que él tiene conciencia de los intereses y de la finalidad de la clase obrera, y conoce los métodos más eficaces y rápidos para conseguirla.

*El conjunto de los objetivos que se propone un partido en la defensa de los intereses de la propia clase forma el programa de este partido.* Las

---

[1] Partido Constitucional Democrático, llamado cadete por sus iniciales K.D. (*N. del T.*).

aspiraciones de una clase dada, están formuladas en el programa. El programa del Partido Comunista contiene las aspiraciones de los obreros y de los campesinos pobres. El programa es la cosa más importante para todo partido. Siempre se puede saber por el programa de cualquier partido los intereses que representa.

## 2. ¿Cuál era nuestro antiguo programa?

Nuestro programa actual fue aprobado en el VIII Congreso del Partido, a fines de marzo de 1919.

Hasta entonces carecíamos de un programa bien definido y formulado. Teníamos tan solo el antiguo programa que fue elaborado en el II Congreso en 1903. En aquella época los bolcheviques y los mencheviques formaban un partido único y, por tanto, tenían un programa común. Entonces la clase obrera comenzaba apenas a organizarse. Las fábricas y las oficinas eran raras. El porvenir de la clase obrera era muy discutido. Los *Narodniki*[2] (los precursores del actual partido de los socialrevolucionarios) sostenían que la clase obrera en Rusia no tenía ninguna posibilidad de desarrollo, pues el número de nuestras fábricas y oficinas no aumentaría. Los socialdemócratas marxistas (es decir, los actuales bolcheviques y mencheviques) eran, por el contrario, de la opinión de que en Rusia, como en todos los demás países, sería, una vez desarrollada, el elemento revolucionario primordial. La Historia desmintió la opinión de los *Narodniki* y dio la razón a los socialdemócratas.

Mas en la época en que los socialdemócratas, en el II Congreso, elaboraron su programa (elaboración en la que participaron tanto Lenin como Plejanov), las fuerzas de la clase obrera eran entonces demasiado exiguas. Por eso nadie pensaba en la posibilidad de poder derrocar de un golpe a la burguesía. Se vislumbraba tan solo la posibilidad de derrocar el zarismo, de conquistar la libertad de

---

2   Miembros del partido de la *Narodnaia Volia* (Voluntad Popular) (*N. del T.*).

organización de los obreros y campesinos, de obtener la jornada de ocho horas y cortar un poco las garras a los latifundistas. Pero nadie pensaba todavía en poder instaurar un Gobierno de la clase obrera y expropiar inmediatamente las fábricas y las oficinas de la burguesía. Tal era nuestro antiguo programa de 1903.

## 3. Necesidad de formular un nuevo programa

Desde aquella época a la Revolución de 1917 han transcurrido muchos años, y las condiciones han cambiado notablemente. La gran industria en Rusia ha tenido un desarrollo enorme, y con ella la clase obrera. Ya en la revolución de 1905 esta se manifestó como elemento potente. Cuando llegó la segunda revolución se vio claramente que la revolución no podía vencer sin la victoria de la *clase obrera*. Pero ahora la clase trabajadora no podía contentarse con lo que en 1905 la hubiera bastado, pues se había hecho lo suficiente fuerte para poder tener la pretensión de apoderarse de las fábricas, conquistar el Poder y suprimir a la clase capitalista. La razón de ello es que las condiciones *internas* de Rusia, desde la formulación del primer programa habían cambiado fundamentalmente. Y lo que es más importante, también las condiciones *externas* habían sufrido un cambio profundo. En el 1905 reinaba en toda Europa «la paz y la tranquilidad». Por el contrario, en 1917 estaba claro para toda persona inteligente que de las entrañas de la guerra mundial debía surgir la revolución mundial. A la Revolución Rusa de 1905 solo sucedió un débil movimiento de los obreros austríacos y convulsiones en los países atrasados de Oriente: en Persia, en Turquía y en China. En cambio, la Revolución Rusa de 1917 ha sido seguida, no solo de la revolución en Oriente, sino también en Occidente, donde la clase obrera ha emprendido la lucha para el aniquilamiento del capital. Vemos que actualmente las condiciones internas y externas son completamente diferentes de las del año 1903, y, por tanto, sería absurdo que el partido de la clase obrera mantuviese en 1917-1919 el viejo programa de 1903. Cuando los mencheviques nos echaban en cara el renegado de nuestro antiguo programa, y por lo mismo de la doctrina de Carlos Marx, les respondíamos que, según la doctrina de Marx, los programas no salen de los cerebros, sino que los plasma la vida. Cuando la vida ha cambiado profundamente, tampoco puede el programa permanecer el mismo. En invierno se usan las pieles. En verano solo un loco llevaría una piel. Lo mismo ocurre en política. El mismo Carlos Marx es quien nos ha enseñado a tener en cuenta las condiciones históricas contingentes y a obrar en correspondencia. Esto no quiere decir que debamos cambiar de convicciones como una señora se muda de guantes. El objetivo primordial de la clase obrera es la realización del orden social comunista. Este es el objetivo *constante e inmutable* de la clase trabajadora. Se comprende que, según la distancia a que esta se encuentra de esta meta, variarán sus reivindicaciones inmediatas. Durante el régimen autocrático la clase obrera debía actuar en secreto, dado que su partido era perseguido como una asociación de delincuentes. Ahora la clase obrera está en el Poder, y su partido es el partido *gobernante*. Solo una persona anormal pretendería que el programa de 1903 sea todavía válido en nuestros días. El cambio de las condiciones internas de la vida política rusa, aparte del cambio de toda la situación internacional, ha provocado la necesidad de un cambio de programa.

## 4. Importancia de nuestro programa

Nuestro programa (de Moscú) es el primer programa de un partido de la clase obrera en el Poder. Por esta razón nuestro partido tenía que concretar en él todas las experiencias adquiridas por la clase obrera en la administración y constitución de un nuevo edificio social. Esto tiene importancia, no solo para nosotros, los obreros y campesinos rusos, sino también para los compañeros extranjeros.

No solo nosotros aprendemos con nuestros éxitos y nuestros fracasos, con nuestros errores y nuestras culpas, sino la totalidad del proletariado internacional. Por eso nuestro programa no contiene únicamente lo que nuestro partido tiene el propósito de realizar, sino también lo que en parte ya ha realizado. Nuestro programa debe de ser conocido en todos sus detalles de todo miembro del partido. Pues solo puede ser miembro del partido el que ha reconocido el programa, es decir, aquel que lo cree justo. Pero esto no es posible si no lo conoce. Es cierto que hay mucha gente que, sin jamás haber visto un programa, se insinúa en el Partido Comunista para obtener alguna ventaja y para ocupar algún puesto. A estos no los queremos por nocivos. Sin conocer nuestro programa nadie puede llegar a ser un comunista verdadero. Todo obrero y campesino pobre consciente debe conocer el programa de nuestro Partido. Todo proletario extranjero debe estudiarlo para aprovecharse de las experiencias de la Revolución Rusa.

## 5. Carácter científico de nuestro programa

Ya hemos dicho que un programa no debe ser el producto artificial de una mente, sino que se debe sacarlo de la misma vida. Antes de Marx, muchos defensores de la clase obrera habían trazado cuadros encantadores del paraíso futuro; pero ninguno se había preguntado si era este alcanzable y cuál era el camino que a él conducía. Marx siguió un método totalmente distinto. Partió de un escrupuloso examen del orden malo, injusto y bárbaro que hasta entonces regía en todo el mundo. Marx examinó el orden social capitalista con la objetividad y la precisión con que se examina un reloj o una máquina cualquiera. Supongamos que examinando un reloj nos encontramos con que dos ruedas no engranan bien y que en cada vuelta nueva se incrusta cada vez más una en la otra. En este caso podemos vaticinar que las ruedas se pararán y dejará de funcionar todo el reloj. Marx no examinó un reloj, sino el sistema capitalista; estudió la vida social tal como se presenta bajo la dominación del capital. De este estudio sacó la conclusión de que el capital se cava su propia fosa, que esta máquina se destruirá precisamente por la fatal sublevación de los trabajadores, que transformarán todo el mundo según su voluntad. Marx recomendó a todos sus discípulos que estudiasen en primer lugar la vida en sus manifestaciones reales. Solo así es posible formular un programa verdadero. Por esto es natural que nuestro programa comience con una exposición del dominio del capital.

Ahora, en Rusia, el dominio del capital se ha derrumbado. Las previsiones de Carlos Marx se presentan ante nuestros ojos. La vieja sociedad se va yendo a pique. De las cabezas de los emperadores y de los reyes van cayendo las coronas. En todos los países los obreros se preparan para la revolución y la instauración del *poder de los Soviets*. Para comprender cómo se ha llegado a esto es menester conocer con exactitud cómo está constituido el orden capitalista. Entonces veremos que este tiene inevitablemente que morir. Y cuando hayamos reconocido que no se puede volver atrás, que la victoria del proletariado es segura, continuaremos con mayor energía y seguridad la lucha por la nueva sociedad del trabajo.

# Capítulo I
# El orden social capitalista

## 6. Economía mercantil

Si consideramos de cerca la economía tal como se ha desenvuelto bajo la dominación del capitalismo, vemos como punto principal que se producen mercancías. Alguien podría preguntarnos: Y esto, ¿qué tiene de particular? Lo particular es que la mercancía no es un producto cualquiera, sino un producto destinado al *mercado*.

Un producto no es mercancía cuando se produce para el consumo propio. Cuando el labrador siembra el grano, lo siega, lo lleva a la era, lo muele y cuece después el pan para sí y su familia, este pan no es una mercancía, sino simplemente pan.

Se convierte en mercancía cuando se vende y se compra; es decir, cuando se produce para el mercado, para ser propiedad del comprador.

*En el régimen capitalista todos los productos están destinados al mercado, convirtiéndose, por tanto, en mercancía todos.*

Generalmente cada fábrica, cada hacienda y cada taller produce una cosa sola, y todo el mundo comprenderá que esta mercancía no puede ser destinada, al consumo propio. El propietario de una Empresa de pompas fúnebres que dirige una oficina de cajas mortuorias, ciertamente que no produce estas cajas para sí y sus familiares, sino para el mercado. El fabricante de aceite de ricino, aunque sufriera diariamente disturbios gástricos, solo podría consumir una ínfima parte del aceite que produce. Lo mismo pasa con todos los demás productos de la sociedad capitalista.

Los millones de botones que se producen en una fábrica de esta especialidad no están destinados a los pantalones del propietario, sino al mercado. Todo lo que se produce en la sociedad capitalista es destinado al *mercado*, donde afluyen guantes y salchichas, libros y cordones de botas, máquinas y licores, panes, fusiles, en una palabra, todo lo que se produce.

La condición previa de la economía mercantil es necesariamente la *propiedad privada*.

El artesano y el maestro de taller que produce mercancías posee su laboratorio y sus utensilios; el industrial y el propietario de empresa, su fábrica y oficina con todos los enseres, máquinas y otros objetos. La propiedad privada y la economía mercantil van siempre acompañadas de la *lucha por el comprador*, de la concurrencia entre los vendedores. Cuando todavía no existían industriales, propietarios de talleres y grandes capitalistas, sino únicamente artesanos trabajadores, también estos luchaban entre sí por el comprador, y aquel artesano que era más fuerte y más hábil, que poseía mejores útiles, y, sobre todo, que había ahorrado un pequeño capital, hacía carrera, conquistaba la clientela, arruinaba a los otros artesanos y se hacía una fortuna. La pequeña propiedad productora y la economía mercantil basada sobre aquella contenían en sí el *germen de la gran propiedad, y era la causa de la ruina de muchos*.

La primera característica del orden social capitalista es la economía mercantil, o sea una economía que produce las cosas para el mercado.

## 7. Monopolio de los medios de producción en provecho de la clase capitalista

Para caracterizar el capitalismo no basta señalar únicamente la particularidad de la economía mercantil.

Puede haber una economía mercantil sin capitalistas, como, por ejemplo, en la economía del artesano. El artesano trabaja para el mercado y vende sus productos, siendo por tanto, mercancías sus productos, y toda su producción es una producción de mercancías. A pesar de esto, esta producción mercantil no es todavía una producción capitalista, *sino simplemente producción de mercancías*. Para que esta simple producción se transforme en producción capitalista es necesario que, por una parte, los *medios de producción* (utensilios, máquinas, terrenos, etcétera), se conviertan en *propiedad de una pequeña clase de ricos capitalistas*, y por otra parte, que infinidad de artesanos y campesinos independientes se transformen en obreros.

Hemos visto que la simple economía mercantil lleva en sí el germen de la ruina de unos y el enriquecimiento de otros. He aquí esto convertido en realidad. En todos los países los artesanos y los pequeños maestros pobres, después de haber vendido hasta el último utensilio de trabajo, han ido a la ruina, sobre todo el maestro que no poseía apenas más que sus propios brazos. En cambio, aquellos que eran un poco ricos se hicieron más ricos aún, agrandaron sus talleres, adquirieron mejores pertrechos y más tarde hasta máquinas, comenzaron a dar ocupación a muchos obreros, y de esta forma se convirtieron en fabricantes.

Todo lo necesario para la producción: las fábricas, las materias primas, los depósitos, las minas, las líneas férreas, los buques, etcétera, pasó gradualmente a las manos de estos ricos. Todos estos *medios de producción llegaron a ser propiedad exclusiva de la clase capitalista* (o como se suele decir, «monopolio» de la clase capitalista). Un exiguo número de ricos lo domina todo. La mayoría de los pobres no poseen otra cosa sino la propia fuerza de trabajo. *Este monopolio de la clase capitalista sobre los medios de producción es la segunda característica del orden social capitalista.*

## 8. El trabajo asalariado

La numerosa clase de hombres que han quedado sin propiedad alguna se ha transformado en una clase de trabajadores asalariados del capital. ¿Qué otra cosa podía hacer el campesino y el artesano empobrecido? No les quedaba más que dos caminos: o entrar al servicio del gran propietario de tierra, o ir a la ciudad para ingresar como asalariado en una fábrica o taller. Este fue el proceso de desarrollo del *trabajo asalariado, o sea la tercera característica del orden capitalista.*

En realidad, ¿en qué consiste el trabajo asalariado? En otros tiempos, cuando aún existía la esclavitud, se podía adquirir por compra-venta trabajadores. Hombres de carne y hueso eran propiedad del patrón. El patrón apaleaba hasta la muerte al esclavo con la misma naturalidad que rompía una silla o un cacharro durante la borrachera. El esclavo y el siervo de la gleba eran, sencillamente, un objeto. Los antiguos romanos dividían la propiedad necesaria para la producción en «medios de trabajo mudos» (objetos), «medios de trabajo semiparlantes» (bestias de trabajo, ganado, etcétera), y «medios de trabajo parlantes» (esclavos). El esclavo era un medio de trabajo de la misma clase que la azada y el buey, que podía el amo vender, comprar o destruir.

*En el trabajo asalariado* el hombre por sí no es comprado ni vendido. No se le compra o vende, sino únicamente su fuerza-trabajo, su capacidad productora. El obrero asalariado personalmente es libre; el industrial no le puede apelar, ni venderlo ni cambiarlo a un amigo por un perro de caza, como era posible en los tiempos de servidumbre. En cambio, al obrero se le paga un jornal. A primera vista parece que el capitalista y el obrero son igualmente libres. «Si no quieres trabajar, no trabajes, nadie te obliga a ello», dicen los señores capitalistas. Pretenden además, que mantienen a los obreros al darles trabajo.

La verdad es que los trabajadores y los capitalistas no están en el mismo plano de libertad. Los obreros son encadenados *mediante el hambre*. El hambre les obliga a asalariarse, es decir, a vender su fuerza-trabajo. El obrero no tiene otra salida. Con las manos solo no se puede producir nada; ¡intentad sin máquinas fundir el acero, fabricar tejidos o construir vagones! Siendo, además, toda la tierra propiedad privada, es imposible fijar la residencia en cualquier lugar para implantar una hacienda agrícola. La libertad que tiene el obrero de vender su fuerza productora y la libertad del capitalista de comprarla, la igualdad del capitalista y del obrero, no es todo esto más que una cadena de hambre *que obliga al obrero a trabajar para el capitalista*.

La esencia del trabajo asalariado consiste en la venta de la mano de obra, o sea en la transformación de la fuerza-trabajo en mercancía. En la primitiva economía mercantil, de la que hemos tratado, se podía encontrar en el mercado leche, pan, tejidos, zapatos, etcétera, pero no mano de obra. La mano de obra no se ponía a la venta. El propietario de esta, el artesano, poseía, además, un taller y sus útiles. Trabajaba personalmente, dirigía su economía productora, empleaba su propia fuerza-trabajo en su hacienda propia.

En el régimen capitalista las cosas son bien diferentes. El que trabaja no posee medios de producción, no puede emplear la propia fuerza-trabajo en la hacienda propia. Si no quiere morir de hambre tiene que vender su fuerza-trabajo al capitalista. Al lado del mercado donde se vende algodones, queso o máquinas, se constituye el *mercado de la mano de obra*, al que acuden los proletarios, es decir, los obreros asalariados, a vender su fuerza-trabajo. *La economía capitalista se distingue de la economía mercantil primitiva en el hecho de que en la economía capitalista hasta la misma fuerza-trabajo se convierte en mercancía.*

La tercera característica de orden social capitalista es el trabajo asalariado.

## 9. Las condiciones de producción capitalista

La esencia del orden capitalista se deduce de las tres características siguientes: *producción para el mercado (producción de mercancías); monopolio de los medios de producción en provecho de la clase capitalista; trabajo asalariado, o sea el trabajo basado en la venta de la mano de obra.*

Todas estas características están ligadas con el problema de determinar en *qué relaciones recíprocas están los hombres en la producción y distribución de los productos.* ¿Qué significan las expresiones «economía mercantil» o «producción para el mercado»?

Significan que los hombres producen unos para otros, pero nadie produce sabiendo antes a quién venderá su mercancía. Tomemos como ejemplo al artesano A y al campesino B. El artesano A lleva las botas que ha producido al mercado, y con el dinero que obtiene compra pan a B. A, al ir al mercado no sabía que iba a encontrarse allí con B, y B tampoco esperaba encontrarse con A. Tanto el uno como el otro simplemente se encaminaron al mercado. Cuando A compró el pan a B y B las botas de A, parecía como si B hubiera trabajado para A, y viceversa, A para B.

El movimiento del mercado oculta el hecho de que ellos trabajan realmente el uno para el otro. En la economía mercantil, los hombres trabajan los unos para los otros, pero de modo inorgánico e independiente, sin darse cuenta de que en realidad el uno depende del otro. De aquí que la función de los hombres en la producción mercantil está distribuida de un modo determinado, y los hombres están en *relaciones determinadas los unos con los otros.* Es, pues, éste el problema de las relaciones recíprocas entre los hombres.

Cuando se habla de «monopolio de los medios de producción» o de «trabajo asalariado» nos referimos a las recíprocas relaciones de los hombres. ¿Pues qué significa de hecho esta «monopolización»?

Significa que los hombres pueden producir mercancías con la condición de que los productores trabajen con medios de producción pertenecientes a otros y que los productores estén *sometidos* a los propietarios de estos medios de producción, etcétera; es decir, que se trata de las recíprocas relaciones entre los hombres en el curso de la producción. Estas relaciones recíprocas de producción se llaman *relaciones de producción*.

No es difícil comprender que las relaciones de producción no siempre han sido iguales. En los tiempos remotos los hombres vivían en pequeñas comunidades, todos trabajaban juntos como camaradas (iban de caza, pescaban, cogían frutas y raíces), y después repartían todo entre ellos. Esta es una fórmula de relaciones de producción. En los tiempos de la esclavitud existían otras relaciones de producción. En el régimen capitalista nuevamente otras, etcétera. Por tanto, existen *diversos géneros de relaciones de producción*. Estos géneros de relaciones de producción son lo que comúnmente se llama *estructura económica de la sociedad o sistema de producción*. «Las relaciones de producción capitalista», o, lo que es lo mismo, «la estructura capitalista de la sociedad», o «el sistema de producción capitalista», no son otra cosa sino las relaciones entre los hombres en la economía mercantil, en la posesión monopolizada de los medios de producción entre un pequeño número de capitalistas y el trabajo asalariado de la clase obrera.

## 10. La explotación de la clase trabajadora

Aquí surge la pregunta: ¿qué motivos tiene la clase capitalista para emplear obreros? Todo el mundo sabe que esto pasa, no porque los industriales quieran dar de comer a los obreros hambrientos, sino *para sacar de ellos un provecho*. Por la ganancia el industrial hace construir su fábrica, por la ganancia toma obreros, por la ganancia busca una clientela buena. La ganancia es la médula de todas sus acciones. En esto se manifiesta su rasgo característico de la sociedad capitalista. En ella no produce la sociedad lo que quiere y le es útil, sino la *clase capitalista* obliga a los trabajadores a producir lo que puede ser vendido en mejores condiciones, lo que da una mayor ganancia. El aguardiente, por ejemplo, es un licor nocivo. El alcohol debía producirse solo para usos técnicos o medicinales. Sin embargo, vemos que los capitalistas de todo el mundo cultivan esta producción, por la sencilla razón de que del alcoholismo del pueblo se pueden obtener enormes ganancias.

Para darnos perfecta cuenta de cómo se forma la ganancia, examinemos la cuestión desde más cerca. El capitalista recibe la ganancia en forma de dinero que ha obtenido con la venta de la mercancía producida en su fábrica. ¿Cuánto dinero recibe por su mercancía? Esto depende del *precio de la misma*. Tenemos, pues, planteado el problema: ¿cómo se determina este precio? ¿Por qué el precio de una mercancía está alto, mientras el de otra bajo? Es cosa fácil de comprender que cuando en cualquier industria se introducen nuevas máquinas y, por tanto, el trabajo se hace mucho más productivo, los precios de las mercancías bajan. Viceversa, si la producción se obstaculiza y el trabajo se hace menos productivo, es decir, si se producen menos mercancías, el precio de estas aumenta.[1]

Si la sociedad emplea mucho trabajo para producir una mercancía determinada, el precio de esa mercancía será alto; si se emplea poco trabajo, el precio será bajo. *La cantidad del trabajo social empleado en la producción de una mercancía determinada, dado un nivel técnico medio (esto es, ni con las peores ni con las mejores máquinas), determina el precio de esta mercancía.* Ahora veremos cómo el precio está determi-

---

[1] Hablamos aquí del cambio de los precios, haciendo abstracción de la moneda y del hecho de existir poca o mucha moneda, moneda en oro o papel. Estas oscilaciones de los precios pueden ser muy grandes, pero estas se mantienen igualmente para *todas* las mercancías; por tanto, no explica la *diferencia* de los precios de las mercancías entre sí. La plétora de moneda de papel, por ejemplo, ha hecho aumentar los precios en todos los países. Pero esta carestía general no explica por qué una mercancía está más cara que otra. *(N. de los A.).*

nado por el valor. En la práctica el precio es, o bien superior o inferior al valor; pero, para mayor claridad, supongamos que sea igual.

Hablamos antes del empleo de obreros. El empleo de obreros no es más que la compra de una mercancía especial llamada «mano de obra». La mano de obra transformada en mercancía tiene todos los caracteres de cualquier otra mercancía. Un proverbio ruso dice: «Si has cogido setas tienes que ir a la cesta». Cuando el capitalista emplea al obrero le paga el precio de su fuerza-trabajo (o más claro, su valor). ¿Cómo se determina este valor? Hemos visto que el valor de todas las mercancías lo determina la cantidad de trabajo que ha sido necesario para la producción de la mercancía. Igual pasa con la fuerza-trabajo. Pero ¿qué se entiende por producción de la fuerza-trabajo? La fuerza-trabajo no se produce en una fábrica como se produce una tela, el betún para las botas y cualquier otra mercancía. Entonces, ¿cómo tenemos que entender esto? Basta considerar la vida actual en el régimen capitalista para comprender de qué se trata. Supongamos que los obreros en este momento han cesado de trabajar. Están agotados por el cansancio, sus energías acabadas. La fuerza-trabajo de ellos está casi extinguida. ¿Qué se necesita para restaurarla? Comer, reposarse, dormir, en una palabra, volver a dar vigor al organismo para restaurar de este modo las fuerzas. Solo con esto readquieren la facultad de trabajar, su capacidad productora, la restauración de la fuerza-trabajo. La nutrición, la vestimenta, el alojamiento, en suma, *la satisfacción de las necesidades del obrero representa la producción de la fuerza-trabajo.* A esto hay que añadir otras cosas, como los gastos del aprendizaje, si se trata de obreros especializados, etcétera.

Todo lo que la clase obrera consume para renovar su fuerza-trabajo tiene un valor. El valor de los artículos de consumo y los gastos de aprendizaje determinan el valor de la fuerza-trabajo. De aquí que las diferentes mercancías tengan un valor distinto, pues cada género de fuerza-trabajo tiene un valor diferente: la fuerza-trabajo de un tipógrafo tiene un valor distinto del de la de un peón, etcétera.

Volvamos a la fábrica. El capitalista adquiere materias primas y combustible, máquinas y lubricantes y otras cosas indispensables, y finalmente adquiere la fuerza-trabajo, emplea obreros. Él lo paga todo al contado. La producción comienza su curso: los obreros trabajan, las máquinas funcionan, el combustible arde, el lubrificante se gasta, el edificio envejece, la fuerza-trabajo se agota. Pero en compensación sale una nueva mercancía de la fábrica. Esta mercancía tiene, como todas las demás, un precio. ¿Qué precio es este? En primer lugar contiene el valor de los medios de producción consumidos: materias primas, combustibles, alojamiento de las máquinas, etcétera. En segundo lugar contiene el trabajo de los obreros. Si para la producción de una mercancía cualquiera treinta obreros emplean treinta horas de trabajo, emplean en total novecientas horas de trabajo. Según esto, el valor total de la mercancía producida estará determinada por las materias consumidas (supongamos que este valor corresponda a seiscientas horas de trabajo) y el nuevo valor añadido por el trabajo de los obreros en las novecientas; el valor estará, pues, representado por seiscientas más novecientas, o sea igual a mil quinientas horas.

Pero, ¿cuánto le viene a costar al *capitalista* esta mercancía? El total de las materias primas corresponde a seiscientas horas. ¿Y por la mano de obra? ¿Ha pagado las novecientas horas completas? He aquí el nudo del problema. Según nuestro cálculo, paga el valor total de la fuerza-trabajo de los días de trabajo. Si treinta obreros emplean para treinta horas tres días de trabajo, a diez horas diarias, el fabricante paga la cantidad necesaria para la restauración de la fuerza-trabajo consumida en esos días. ¿A cuánto asciende esta cantidad? La contestación es sencilla: esa cantidad es muy inferior al valor de novecientas horas. ¿Por qué? Porque la cantidad de trabajo necesaria para el mantenimiento de mi fuerza-trabajo es inferior a la cantidad de trabajo que yo puedo hacer en un día. Uno es capaz de trabajar diez horas al día mientras que la alimentación que se consume y el traje que se rompe en un día quizá no corresponda a cinco horas de trabajo. Por tanto, uno es capaz de trabajar mucho más de lo que necesita para el mantenimiento de su fuerza-trabajo. Supongamos que en el ejemplo puesto los obreros consumen en tres días víveres y vestimenta por valor de cuatrocientas cincuenta horas, mientras que producen un trabajo de novecientas horas; al capitalista le quedan cuatrocientas cincuenta horas que *forman su fuente de ganancia*. Como hemos visto, la mercancía cuesta mil cincuenta horas (seiscientas más cuatrocientas cincuenta), mientras que la vende por el valor de mil quinientas horas (seiscientas más novecientas); las cuatrocientas cincuenta horas que saca de provecho el capitalista son la plusvalía, que ha sido creada por la fuerza productora.

La mitad del tiempo los obreros trabajan para reconstruir lo que ellos personalmente consumen y la otra mitad para el capitalista. Consideremos ahora a la sociedad en conjunto. No nos interesa lo que hace el industrial aislado y el obrero aislado. Nosotros queremos saber cómo es esa enorme máquina, que se llama sociedad capitalista. La clase capitalista da ocupación a la numerosísima clase trabajadora. En millones de fábricas, minas, bosques y campos trabajan como hormigas centenares de millones de obreros. El capital les paga el salario, el valor de su fuerza-trabajo, con lo cual ellos continuamente renuevan la fuerza productiva en provecho del capital. La clase obrera, con su trabajo, no solo se paga a sí misma, sino que crea además *los ingresos de las clases dominantes*, crea la plusvalía. Por infinitos caminos esta plusvalía afluye al bolsillo de la clase dominante; una parte la recibe el mismo capitalista, cosa que constituye la ganancia; otra parte acaba, bajo forma de impuestos, en manos del Estado capitalista; otra parte va a los bolsillos de los comerciantes, de los intermediarios, otra a la iglesia y a los prostíbulos, a los cómicos y plumíferos burgueses, etcétera. De esta plusvalía viven todos los parásitos que la sociedad capitalista nutre en su seno.

Ahora bien; una parte de la plusvalía es empleada de nuevo por los capitalistas. Estos aumentan por este procedimiento su capital; agrandan sus haciendas, dan ocupación a más obreros y adquieren máquinas más perfectas. Un mayor número de obreros produce para ellos una mayor plusvalía. Los negocios capitalistas se convierten cada vez en mayores. Así progresa el capital acumulando plusvalía. El capital aumenta extrayendo de la clase obrera la plusvalía, explotándola.

## 11. El capital

Tratemos de ver con claridad qué cosa es el capital. Este es, ante todo, un valor dado, ya sea en forma de dinero, máquinas, materias primas, o bien bajo la forma de mercancía terminada; pero además es un valor que produce la plusvalía. La producción capitalista consiste en la producción de la plusvalía.

En la sociedad capitalista las máquinas y las fábricas aparecen como capital. ¿Pero es que son siempre capital? Ciertamente que no. Si toda la sociedad constituye una economía de camaradas, produciendo todos para sí mismos, ni las máquinas ni las fábricas serían capital, porque no constituirían medios para crear ganancias en favor de pocos ricos. Las máquinas se convierten en capital solo cuando son propiedad privada de la clase capitalista, cuando sirven para la explotación del trabajo asalariado y a la producción de la plusvalía. La forma del valor es en este caso diversa: este puede consistir en discos metálicos, monedas o bien en billetes de Banco, con los que comprará el capitalista la fuerza-trabajo y los medios de producción; este valor puede estar representado también por máquinas, con las que trabajan los obreros o con materias primas con las que ellos producen las mercancías, o por mercancías terminadas y destinadas a la venta. *Cuando sirven para la producción de la plusvalía es cuando se convierte en capital.*

El capital varía su envoltura exterior. Veamos cómo se opera esta transformación:

a) El capitalista no ha adquirido todavía ni la mano de obra ni los medios de producción. Él desea tener obreros, adquirir la maquinaria, las materias primas, los combustibles, etcétera.; pero hasta ahora no posee más que dinero. En este caso el capital se presenta en su *forma monetaria.*

b) Con este dinero se encamina al mercado (naturalmente que no en persona, para eso está el teléfono y el telégrafo). Aquí tiene lugar la adquisición de los medios de producción y de la mano de obra. El capitalista se ha despojado de su forma monetaria y aparece en la de capital industrial.

Después comienza el trabajo. Las máquinas están en acción, giran las ruedas, se mueven las correas, los obreros y las obreras se fatigan, las máquinas se gastan, las materias primas se consumen y la fuerza productora se extingue.

c) Las materias primas, la maquinaria gastada y la fuerza productora consumida, se transforman ya, poco a poco, en mercancías. En ese momento el capital pierde su forma de empresa industrial y aparece como un cúmulo de mercancías. He aquí, pues, al capital bajo su forma de mercancías. Pero este no solo ha cambiado de forma, *ha aumentado también el valor, porque el proceso de producción le ha añadido la plusvalía.*

d) Pero el capitalista no produce las mercancías para su uso propio, sino para el mercado, para la venta. Lo que se ha acumulado en sus almacenes debe venderse. En un principio el capitalista fue al mercado en concepto de comprador, ahora vuelve a él como vendedor. Al principio tenía dinero en las manos y quería mercancías (mercancías de producción). Ahora dispone de mercancías y desea dinero. Cuando vende su mercancía, el capital pasa de nuevo de la *forma de mercancía a la forma de dinero*. Pero esta forma dinero, que el capitalista recibe, no es ya aquella originariamente gastada, porque esta ha sido *aumentada con el importe íntegro de la plusvalía*.

Pero no se termina todavía con esto el movimiento del capital. El capital aumentado es de nuevo puesto a la circulación y produce una mayor plusvalía. Esta plusvalía es añadida en parte al capital, y comienza un nuevo ciclo. El capital asemejase a una bola de nieve, pues a cada vuelta se le queda adherida una mayor cantidad de plusvalía. En otros términos: la producción capitalista se desarrolla y se expansiona.

De este modo el capital extrae la plusvalía de la clase obrera, extendiéndose por todos los sitios. Su progreso rápido se explica por sus cualidades particulares. La explotación de una clase por parte de otra se conocía también en otros tiempos. Tomemos, por ejemplo, un feudatario en tiempos de la servidumbre, o un propietario de esclavos en los tiempos antiguos. Estos oprimían a sus siervos o esclavos. Todo lo que estos producían era consumido por sus amos o por el séquito de estos, sus numerosos parásitos. La producción de mercancías estaba todavía poco desarrollada. No había sitio donde vender. Si los latifundistas hubieran obligado a sus siervos o esclavos a producir grandes cantidades de pan, de carne, de peces, etcétera, todo ello se hubiera podrido. Entonces la producción se limitaba a la satisfacción de las necesidades físicas del propietario y de su brigada. Bajo el capitalismo la cosa es totalmente distinta. Aquí ya no se produce para la satisfacción de las necesidades, sino para la ganancia. Aquí se produce la mercancía para venderla, para tener una ganancia, para poder acumular ganancia. Cuanto mayor sea la ganancia, tanto mejor. Esto explica la loca persecución de la ganancia por parte de la clase capitalista. Este apetito insaciable no conoce límites. Él es el nervio, la médula de la producción capitalista.

## 12. El Estado capitalista

La sociedad capitalista está, como hemos visto, basada en la explotación de la clase obrera. Una pequeña minoría de hombres domina todo; la mayoría de los obreros no posee nada. Los capitalistas mandan, los trabajadores obedecen. Los capitalistas explotan, los obreros son explotados. Toda la naturaleza de la sociedad capitalista consiste en esta implacable y siempre creciente explotación.

La producción es una válvula aspirante que sirve para extraer la plusvalía. ¿Cómo se mantiene en servicio tanto tiempo esta válvula? ¿Por qué toleran los obreros este estado de cosas?

A esta pregunta no es fácil dar contestación, sin más. Pero generalmente existen dos razones: en primer lugar, porque la organización y el poder se encuentran en manos de la clase capitalista; en segundo lugar, porque la burguesía es dueña aun hasta de la mente de la clase obrera.

El medio más seguro que para este fin emplea la clase burguesa es la *organización estatal*. En todos los países capitalistas el Estado no es otra cosa sino una *asociación de capitalistas*. Tomemos cualquier país: Inglaterra o los Estados Unidos, Francia o el Japón. Los ministros, los altos funcionarios, los diputados, son los mismos capitalistas, latifundistas, emprendedores o banqueros, o sus fieles y bien renumerados servidores: abogados, directores de Banca, profesores, generales, arzobispos u obispos.

El conjunto de todos estos servidores de la burguesía, que se extienden por todo el país y lo dominan, se llama Estado. Esta organización de la burguesía tiene dos fines: en primer lugar, y esto es lo principal, el de *reprimir todos los movimientos e insurrecciones de los obreros, de asegurar la explotación inturbada de la clase obrera y el refuerzo del sistema de producción capitalista*, y en segundo lugar, el de combatir otras organizaciones similares (es decir, otros Estados burgueses) para el reparto de la plusvalía sacada a la clase obrera. Por tanto, el Estado capitalista es una asociación de emprendedores que garantizan la explotación. Solo, pues, los intereses del capital guían la actividad de esta asociación de bandidaje.

Contra esta concepción del Estado burgués se puede aducir la siguiente objeción:

Vosotros afirmáis que el Estado se basa enteramente sobre los intereses del capital. Pues mirad: en todos los países capitalistas existen leyes sobre las fábricas que prohíben o limitan el trabajo de los niños y reducen el horario de trabajo. En Alemania, por ejemplo, existía ya en tiempos de Guillermo II un seguro obrero por el Estado, relativamente bueno; en Inglaterra, el ministro burgués Lloyd George ha implantado un seguro obrero; en todos los Estados burgueses se fundan hospitales y Casas de Salud para los obreros, se construyen trenes en los que pueden viajar todos: ricos y pobres; acueductos, canalizaciones, etcétera, cosas que aprovechan a todos. Por tanto, se objetará, aun en los países donde domina el capital, el Estado obra, no solo en interés del capital, sino también en el de la clase obrera. El Estado castiga a los industriales que infringen las leyes de fábrica.

Tales argumentos son falsos. He aquí la razón: es verdad que del poder burgués emanan algunas veces leyes y disposiciones que son útiles aun para la clase obrera. Pero esto es en interés de la misma burguesía. Tomemos el ejemplo del tren. Este lo usan también los obreros y les es útil. Pero no fue construido para los obreros. Los comerciantes, los industriales, lo necesitan para el transporte de sus mercancías, para el movimiento de las tropas, para el transporte de los obreros, etcétera. El capital necesita líneas férreas y las construye en interés *propio*. El Estado capitalista no construye las líneas férreas porque son útiles a los obreros. Observemos de cerca la así llamada «sanidad pública», la limpieza de las calles, los hospitales. En este campo la burguesía piensa también en los barrios obreros. También es verdad que, en relación con los barrios burgueses del centro, los suburbios donde habitan los obreros son sucios y malsanos; pero de todos modos, la burguesía hace algo. ¿Por qué? Porque de lo contrario las enfermedades se propagarían por toda la ciudad y también le tocaría a la burguesía. Aun aquí, el Estado y los organismos locales sirven los intereses *de la burguesía*. Pongamos otro ejemplo. En los últimos decenios, en Francia aprendieron los obreros de la burguesía a limitar artificialmente la procreación: no nacen hijos, o si nacen, a lo sumo dos en cada familia. El resultado es que la población de Francia casi no aumenta. De aquí que empiecen a faltarle soldados a la burguesía francesa. Por eso grita: «¡La nación va a la ruina! ¡Los alemanes se propagan más aprisa que nosotros y tendrán más soldados!». A esto se añadía que las reclutas eran de año en año más mezquinas: pequeños de estatura, estrechos de pecho, débiles físicamente. De un golpe la burguesía se hizo «generosa»; comenzó espontáneamente a introducir mejoras para la clase obrera, a fin de que se repusieran un poco los obreros y produjeran más hijos. Porque cuando se mata la gallina no da esta más huevos.

En todos estos casos la burguesía adopta medidas que ciertamente son útiles para la clase obrera, pero con las cuales persigue sus *propios intereses*. En otros casos estas medidas las adopta el Estado burgués bajo *la presión de la clase obrera*. De estas leyes hay muchas. Casi todas «las leyes de fábrica» fueron obtenidas de este modo: a raíz de las amenazas obreras. La primera reducción del horario en Inglaterra (a diez horas) fue obtenida gracias a las amenazas de los obreros; en Rusia, el Gobierno zarista implantó las leyes de fábrica atemorizado por las agitaciones obreras y las huelgas. El Estado, *esa organización hostil a la clase obrera*, hace, guiada por sus intereses, el cálculo siguiente: «Es mejor ceder hoy que tener que dar mañana el doble o arriesgar la piel». Del mismo modo, el industrial que cede a los huelguistas otorgándoles un pequeño aumento no deja de ser burgués porque haya, ante la amenaza de desórdenes, echado al proletariado un mísero hueso.

El Estado burgués, además de ser la más poderosa y grande organización de la burguesía, es también la *más complicada*, pues posee numerosas ramificaciones que extienden en todas direcciones sus tentáculos. Todo ello sirve a un fin primordial: la defensa, la consolidación y expansión de la *explotación de la clase obrera*. Contra la clase obrera dispone el Estado burgués de los medios de la coacción brutal y de los de la servidumbre mental; estos dos forman los órganos más importantes del Estado capitalista.

Los medios de coacción brutal son, principalmente, *el ejército, la policía, las cárceles y los tribunales,* y sus órganos subsidiarios: los espías, los agentes provocadores, la organización de los confidentes, los sicarios, etcétera.

El ejército del Estado capitalista está organizado de forma especial. A la cabeza del ejército está la casta de oficiales «de las espadas de oro y plata». Estos se reclutan en las filas de los latifundistas feudales, de la gran burguesía, y en parte también entre los intelectuales. Estos sanguinarios enemigos del proletariado, aprenden ya desde rapaces en escuelas especiales (Academias militares) cómo se maltrata a los soldados y cómo se guarda el «honor de la bandera», o sea: cómo se mantiene a los soldados en servidumbre absoluta y se les convierte en muñecos. Los oficiales pertenecientes a la alta aristocracia y a la gran burguesía, se les hace generales y almirantes y se les carga de cruces.

Los oficiales no suelen provenir casi nunca de las clases pobres. *Tienen en sus manos toda la masa de los soldados,* a los que se les educa de modo a no atreverse siquiera a preguntar por qué combaten y a convertirse en instrumentos ciegos de sus superiores. Tal clase de ejército no puede tener otra misión principal sino la de tener sujetos a los trabajadores.

En Rusia, el Ejército sirvió muchas veces como represor de los obreros y campesinos. Las insurrecciones de campesinos en tiempos de Alejandro II, antes de la abolición de los siervos, fueron sofocados por el Ejército. En 1905, durante la agitación de Moscú, el Ejército ametralló a los obreros; el Ejército llevó a cabo las expediciones de castigo a las provincias bálticas, las del Cáucaso y las de Siberia; sofocó, en los años 1906-1908, las revueltas de campesinos, sirviendo con esto de esbirro de los grandes latifundistas. Durante la rebelión se ametralló a los obreros de Ivanovo-Vosnewenski, de Kostroma, etcétera. En todas partes se distinguieron por su ferocidad los oficiales y generales. En el extranjero se repite por todo el mundo la misma historia. En Alemania, el ejército del Estado capitalista fue fiel a su función de verdugo de la clase obrera. El primer levantamiento de los marinos de Kiel fue ahogado por el Ejército. Las insurrecciones de los obreros de Berlín, Hamburgo, Munich, etcétera, fueron reprimidas por el Ejército. En Francia se empleó a la tropa para ametrallar huelguistas y fusilar obreros y soldados revolucionarios rusos. En Inglaterra, el Ejército ha sofocado duramente, en estos últimos tiempos, los levantamientos de los obreros irlandeses, de los semiesclavos egipcios, de los indios, y en la misma Inglaterra han sido agredidos pacíficos Comités obreros. En Suiza, a cada huelga sigue inmediatamente una movilización de batallones de ametralladoras y la llamada milicia (ejército suizo), y sucede más de una vez que la milicia hace fuego sobre los obreros. En los Estados Unidos, la tropa ha sembrado la muerte en pueblos enteros del proletariado (por ejemplo, durante la huelga del Colorado). Los ejércitos de los Estados capitalistas intentan ahora sofocar la revolución proletaria en Rusia, Hungría, Alemania y los Estados balcánicos para reprimir la sublevación proletaria en todo el mundo.

*Policía* — El Estado capitalista mantiene, además del ejército regular, un ejército de hampones seleccionados, cuerpo adiestrado especialmente en la lucha contra los trabajadores. Tienen también como misión perseguir la delincuencia y la defensa de la llamada «seguridad personal y material del ciudadano». Pero sirven, al mismo tiempo, para seguir, arrestar y castigar a los obreros descontentos.

En Rusia, la policía era la más segura tutela de los latifundistas y del zar. La policía secreta (policía política, que nosotros los rusos llamamos Ocrana) se distingue en todos los países por su crueldad. De acuerdo con esta trabaja un cúmulo de espías, agentes provocadores, confidentes, etcétera.

Con este respecto son interesantes los medios que emplea la Policía secreta americana. Está en estrecho contacto con una infinidad de «Oficinas policíacas» privadas y semiestatales. Las famosas aventuras de Nat Pinkerton, en sustancia, no eran más que luchas contra los obreros. Los agentes provocadores distribuían a los directores obreros bombas y los incitaban a asesinar capitalistas. Estos agentes pagaban también bandas de sicarios armados (en América se llaman *scabs*), con la misión de asesinar obreros en huelga.

No existe infamia alguna que no sean capaces de realizar estos delincuentes al servicio del Estado «democrático» de los capitalistas americanos.

*La organización judicial* del Estado burgués es un medio de autodefensa de la clase burguesa. La justicia burguesa se venga, en primer lugar, de aquellos que osan atacar la propiedad capitalista y ofender al sistema burgués. Esta justicia condenó a Liebknecht a trabajos forzados, y, en cambio absolvió a sus asesinos. *Las autoridades carcelarias estatales* y los verdugos ejecutan las sanciones de los Tribunales. Estas instituciones gravan solo a los pobres y no a los ricos.

Estas son las instituciones del Estado capitalista, que tienen por misión oprimir brutalmente a la clase obrera.

Entre los medios de *servidumbre espiritual de la clase trabajadora* de que dispone el Estado capitalista, son dignos de mencionars los tres más importantes: *la escuela de Estado, la Iglesia de Estado y la Prensa de Estado*, subvencionada por el Estado.

La burguesía comprende que no puede someter a la clase obrera con la sola fuerza bruta. Sabe que es necesario nublar también el cerebro. El Estado burgués considera al obrero como bestia de carga, a la que hay que hacer trabajar; pero con la precaución de ponerla en la imposibilidad de morder. Para esto, no solo se le encierra y mata cuando muerde, sino que se le domestica como en los serrallos, para lo cual el Estado capitalista educa especialistas para el acretinamiento y la doma del proletariado: maestros burgueses y profesores, curas y obispos, plumíferos y periodistas burgueses. Estos especialistas enseñan a los niños desde la primera infancia a obedecer al capital y odiar a los «rebeldes». Se les cuenta a los niños fábulas sobre la revolución y los movimientos revolucionarios, y se glorifica a los emperadores, los reyes, los industriales, etcétera. Los curas, desde el púlpito, predican que «todo poder viene de Dios». Los periodistas burgueses repiten, día tras día, este embuste al proletariado (los periódicos proletarios son, por lo general, suprimidos por el Estado capitalista). ¿Cómo pueden salir del pantano en tales condiciones los obreros?

Un bandido imperialista alemán, ha escrito: «Tenemos necesidad no solo de las piernas de los soldados, sino también de sus cerebros y sus corazones». El Estado burgués necesita hacer del obrero un animal doméstico que trabaje indefenso y paciente como un caballo. Con esto el Estado capitalista se asegura su propia existencia. La máquina explotadora funciona y extrae continuamente plusvalía de la clase obrera. El Estado, mientras tanto, custodia para que los esclavos del salariado no se rebelen.

## 13. Contradicciones del orden capitalista

Ocurre ahora examinar si la sociedad burguesa está o no bien construida. Una cosa es sólida y buena, cuando todas sus partes se coordinan. Tomemos, por ejemplo, el mecanismo de un reloj. Este funciona regularmente y sin pararse solo cuando cada engranaje se acopla diente por diente con los demás.

Consideremos, pues, la sociedad capitalista. Enseguida veremos que no está tan sólidamente construida, como aparece a primera vista, sino que, por el contrario, presenta grandes contradicciones y enormes lagunas. Ante todo, en el capitalismo no existe *una producción y distribución de los productos organizada*, sino una anarquía en la producción.

¿Qué significa esto? Esto significa que toda Empresa capitalista (o Asociación capitalista) produce mercancías independientemente de las demás. La sociedad no establece cuánto y qué necesita; los industriales hacen que se produzca siempre con la mira de la ganancia mayor posible y de apartar toda concurrencia. Por esto pasa muchas veces que se producen demasiadas mercancías (hablamos, naturalmente, de la anteguerra) que no pueden ser vendidas (los obreros, por carecer de dinero suficiente, no las pueden adquirir). En este caso se declara una *crisis*: se cierran las fábricas y los obreros son lanzados al arroyo. La anarquía en la producción trae como consecuencia la *lucha por el mercado*. Esta lucha reviste varias formas. Comienza con la concurrencia entre los fabricantes y acaba con una guerra mundial entre los Estados capitalistas, por el reparto de los mercados del mundo.

Aquí tenemos el primer encuentro entre los órganos de la sociedad capitalista, el primer choque violento.

*La primera razón del caos capitalista está en la anarquía de la producción, que tiene como manifestaciones las crisis, la competencia y la guerra.*

*La segunda causa del estado caótico de la sociedad capitalista, está en su división en clases.* En el fondo, la sociedad capitalista no es homogénea: está dividida en *dos* sociedades; de un lado, la capitalista, y por otro, la de los obreros pobres. Estas dos clases están en una enemistad continua, implacable e irreconciliable. Nuevamente nos encontramos, pues, con que las distintas partes de la sociedad capitalista se encuentran en un antagonismo.

¿El capitalismo se derrumbará o no? La contestación a esta pregunta depende de las siguientes consideraciones: si, examinando el *desarrollo* del capitalismo, tal como se ha desenvuelto en el transcurso de los tiempos, nos encontramos con que su estado caótico va siempre disminuyendo, le podemos augurar, entonces, una larga vida; si viceversa, vemos que en el curso del tiempo las distintas partes de la sociedad capitalista chocan unas con las otras, cada vez con más violencia, y si nos persuadimos que los cortes de esta sociedad se transformarán en abismos, podemos entonarle un réquiem.

Es, por tanto, indispensable estudiar el problema del desarrollo del capitalismo.

## Capítulo II
## Desenvolvimiento del orden social capitalista

### 14. La lucha entre la grande y pequeña industria (entre la propiedad del que trabaja personalmente y la propiedad capitalista sin trabajo)

*Lucha entre la pequeña y la gran industria.* Las grandes fábricas de hoy, donde trabajan hasta más de diez mil obreros, provistos de máquinas gigantescas, no han existido en todos los tiempos. Estas se desarrollaron lentamente y surgieron de la ruina del artesano y de la pequeña industria, en la actualidad casi desaparecida por completo. Para comprender este desenvolvimiento se requiere, ante todo, no perder de vista el hecho de que en la economía mercantil y en el régimen de la propiedad privada la lucha por el comprador, *la concurrencia* es inevitable. ¿Quién es el vencedor en esta lucha? Aquel que es capaz de cautivarse al comprador, alejándole del concurrente. La mejor manera de ganarse un cliente es vender la mercancía al precio más barato de concurrencia.[1] Pero ¿quién es el que puede vender a un precio más bajo? He aquí el problema que tenemos que resolver antes que otro alguno. Es evidente que el gran industrial puede vender a un precio mejor que el pequeño industrial o artesano, porque la mercancía le sale mucho más barata. La gran industria presenta en este campo infinidad de ventajas. La

---

[1] Nos referimos, claro está, a la anteguerra. En la posguerra no es el vencedor el que corre tras el comprador, sino viceversa. (*N. de los A.*)

primera es que el empresario capitalista está en condiciones de instalar mejores máquinas y pertrechos. El artesano, que vive al día, trabajando casi siempre a mano, con utensilios más o menos primitivos, no puede ni pensar en la adquisición de máquinas modernas. Ni aun el pequeño capitalista puede permitirse introducir en su industria máquinas más perfectas y productivas. De aquí que cuanto mayor sea la Empresa, tanto más perfeccionados son los aparatos técnicos, tanto más productivo el trabajo y *tanto menos viene a costar al capitalista la mercancía.*

En las grandes fábricas de América y Alemania existen laboratorios científicos especiales, donde se inventan continuamente nuevos perfeccionamientos, uniendo de este modo la ciencia con la producción; estas invenciones constituyen el secreto de sus respectivas Empresas, siendo el provecho exclusivo de las mismas. En la pequeña hacienda, donde se trabaja en parte o totalmente a mano, la mercancía es fabricada por un mismo obrero desde el principio al fin. En la producción a máquina, un obrero hace una parte, un segundo otra y así sucesivamente. Con este sistema, llamado *división del trabajo,* la producción es mucho más rápida. Para dar una idea de las ventajas que proporciona, vamos a referirnos a una estadística americana hecha en 1908. He aquí los datos: *Producción de diez arados. Trabajo a mano*: 2 obreros que realizan 11 trabajos distintos, trabajando en total 1 180 horas y ganando 54 dólares. El mismo trabajo con *proceso industrial*: 52 obreros, 97 trabajos diferentes (con el número de obreros aumenta también el número de los diversos trabajos); horas de trabajo empleados, treinta y siete y veintiocho minutos; salario pagado, 7,9 dólares. Como se ve, se ha empleado infinitamente menos tiempo, y el trabajo ha costado mucho menos. *Producción de 100 fornituras de piezas para relojes. Trabajo a mano*: 14 obreros, 453 procesos de trabajo, 341 866 horas, 80 822 dólares. *Proceso industrial*: 10 obreros, 1 088 procesos de trabajo, 8 343 horas, 1 799 dólares. *Producción de 500 yardas de tela a cuadros. Trabajo a mano*: 3 obreros, 19 operaciones (procesos de trabajo), 7 534 horas, 135,6 dólares. *Proceso industrial*: 252 obreros, 43 operaciones, 84 horas, 6,81 dólares. Se podrían aducir todavía infinidad de ejemplos más. Además de esto, a las pequeñas industrias y a los artesanos les son totalmente inaccesibles una serie de ramos de industrias en las que es indispensable el empleo de grandes medios técnicos, como la construcción de líneas férreas, barcos, explotación de minas, etcétera.

La gran industria ahorra en un sinnúmero de cosas: en las construcciones, en las máquinas y materias primas, en el alumbrado y la calefacción, en el empleo de la mano de obra, en el aprovechamiento de los residuos, etcétera. Imaginémonos mil pequeños trabajadores y una gran fábrica que produzca lo mismo que producen los mil trabajadores; es mucho más fácil construir un edificio grande que mil pequeños; las mil pequeñas empresas consumen más materias primas (que en la mayor parte se desperdician); es más sencillo iluminar una gran fábrica que mil pequeñas; las reparaciones, vigilancia, etcétera, son simplificadas. En una palabra, en una gran Empresa se hacen mayores economías y se alcanza una mayor *baratura. Hasta en la misma adquisición de materias primas y de otros aprovisionamientos tiene ventaja la gran industria*. La mercancía comprada al por mayor cuesta menos y es de mejor calidad. Además, el gran industrial conoce mejor el mercado y sabe dónde y cómo se puede comprar en condiciones más ventajosas. También en la venta de los productos la gran industria está privilegiada. No solo sabe el gran industrial dónde se pueden vender las mercancías a precios más altos (pues con tal fin mantiene agentes y viajantes y está en estrecho contacto con la Bolsa, donde afluyen todas las noticias sobre pedidos de géneros), sino que, por ende, su ventaja consiste en que puede *esperar*. Cuando, por ejemplo, los precios de sus mercancías son bajos, puede emboscarlos en sus depósitos hasta que suban. El pequeño propietario, en cambio, no puede hacerlo, porque vive de la venta de sus productos y no dispone de reservas en dinero. Por tanto, tiene que vender a cualquier precio si no quiere morir de hambre. Está, pues, claro que en tales condiciones lleva las de perder.

Por último, la gran industria tiene otra gran ventaja en lo que se refiere al *crédito*. Cuando el gran capitalista necesita dinero, encuentra siempre quien se lo preste. A una «firma solvente» concede crédito cualquier banca, mediante abono de intereses relativamente bajos. Al pequeño industrial, en cambio, casi nadie le hará crédito. Pero aun en el caso en que alguien se lo conceda, es seguro que le hará pagar intereses usurarios. Por esto los pequeños empresarios terminan con facilidad en las garras de los judíos.

Todas estas ventajas de la gran industria explican por qué la pequeña industria tiene fatalmente que desaparecer en la sociedad capitalista. El gran capital la persigue, la acorrala hasta que la arruina y transforma al propietario en un proletario vagabundo. Naturalmente que el pequeño propietario luchará hasta lo último, empleará todos sus recursos, obligará a sus obreros y a su familia a trabajar hasta lo inconcebible; pero al fin no tendrá más remedio que ceder el puesto al gran capitalista. Muchas veces creemos estar en presencia de un propietario independiente, pero, en realidad, depende completamente del gran capitalista, para el cual trabaja y sin el que no podría dar un paso. Otras veces el pequeño empresario depende del usurero, y en tal caso su libertad solo es aparente, pues en realidad trabaja para este chupóptero. También depende del cliente que le compra la mercancía o del negocio para el cual trabaja, y, por tanto, solo es independiente en apariencia, pues de hecho se ha transformado en un obrero asalariado del gran capitalista. En ciertos casos el capitalista provee al artesano de las materias primas y los utensilios (cosa que ocurre con los que trabajan a domicilio), y en este caso se convierte en un simple apéndice del capital. Existen además otros géneros de servidumbre hacia el capital: en las cercanías de las grandes fábricas con frecuencia se establecen pequeños talleres de reparaciones, los cuales no son otra cosa más que pequeños engranajes de la máquina de la gran industria. Aquí también la independencia es solo aparente. Otras veces pasa que artesanos, pequeños propietarios, trabajadores a domicilio y negociantes lanzados de una rama de la industria o del comercio se trasladan a otra donde todavía el capital no es poderoso. Muchos de estos artesanos arruinados se dedican al pequeño comercio. Véase, pues, cómo el gran capital suplanta paso a paso la pequeña producción en todos los campos, dando nacimiento a empresas gigantescas que ocupan a miles, a veces hasta centenares de miles de obreros. El gran capital se hace dueño del mundo. La propiedad de quien trabaja personalmente desaparece y le sustituye la gran propiedad capitalista.

Como ejemplo de la desaparición de la pequeña industria en Rusia pueden servir los trabajadores a domicilio. Una parte de estos trabajaba por cuenta propia, vendiendo el producto a quien quiera que fuera (los peleteros, cesteros, etcétera). Después estos comenzaron a trabajar para un capitalista, uno solo (los sombrereros de Moscú y los lampisteros y jugueteros). Después el obrero recibía las materias primas del que le proporcionaba trabajo, cayendo en una servidumbre completa (los cerrajeros de Pavlovsk y de Barmakino). Luego, finalmente, el que encargaba trabajo lo pagaba por piezas (por ejemplo: los claveros de Tver, los zapateros de Kimry, los cuchilleros de Pavlovsk). En servidumbre parecida cayeron también los tejedores a mano. En Inglaterra la pequeña industria agonizante recibió el nombre de *Sweating system* (sistema de sudor), tan penosas eran las condiciones. En Alemania el número de las pequeñas industrias disminuyó del 1882 al 1895 en el 8,6%; el de las industrias, medias aumentó el 64,1% y el de las grandes aumentó el 90%. De aquella época a esta parte desaparecieron muchas de las industrias medias. Hasta en Rusia misma la gran industria suplantó con bastante rapidez al trabajo a domicilio. Una de las industrias más importantes en Rusia es la textil. Con el siguiente cuadro, que muestra la proporción de los obreros industriales y la de los trabajadores a domicilio en la industria algodonera, se puede ver con qué rapidez la fábrica suplantó a los trabajadores a domicilio:

| Años | Número de obreros ocupados en fábricas | Número de los obreros a domicilio |
|---|---|---|
| 1866 | 94 556 | 66 178 |
| 1879 | 162 691 | 50 152 |
| 1894-1895 | 242 151 | 20 475 |

En el año 1886 había para cada 100 obreros textiles ocupados en fábricas 70 obreros trabajando a domicilio; en los años 1894-1895, solo 8. En Rusia se desarrolló con más rapidez la gran industria porque el capital extranjero creó súbitamente grandes fábricas. Ya en 1902 las grandes empresas empleaban casi la mitad (el 40%) de los obreros industriales.

En el 1903 las fábricas que ocupaban más de 100 obreros constituían el 17% de todas las fábricas y ocupaban el 76,6% de los obreros industriales.

La victoria de la gran industria en todos los países va acompañada de la ruina de los pequeños productores. A veces, distritos enteros y oficios enteros (como los tejedores de Siberia y de la India, etcétera) son condenados a perecer.

b) *La lucha entre la pequeña y la gran hacienda en la agricultura.* La misma lucha que existe entre pequeño y gran capital en la industria tiene lugar, bajo el capitalismo, en la agricultura. El latifundista que dirige su hacienda como el industrial su fábrica, el gran agricultor, el agricultor medio, el campesino pobre, que con frecuencia tiene que ir a trabajar para el gran propietario porque su trozo de tierra no le basta para vivir, corresponden en la industria al gran capitalista, al propietario medio de taller, al artesano, al trabajador a domicilio y al obrero asalariado. En el campo como en la ciudad, la gran propiedad se encuentra en condiciones más favorables que la pequeña.

El gran propietario puede adquirir *aparatos técnicos* modernos. Las *máquinas agrícolas* (arados eléctricos y de vapor, segadoras, sembradoras, aventadoras) permanecen casi inaccesibles para el pequeño propietario. Así como sería absurdo instalar en el taller de un pequeño artesano una gran máquina, lo mismo el pequeño campesino no puede usar un arado de vapor. Para que una máquina de esta clase sea conveniente, se precisa una extensión de terreno muy superior al pedazo de tierra que posee el pequeño propietario.

El empleo de las máquinas depende de la extensión del terreno. Un arado de tracción animal es aprovechado íntegramente en un terreno de treinta hectáreas. Un arado por vapor necesita mil hectáreas. Recientemente se están empleando máquinas eléctricas para el cultivo de la tierra, pero únicamente pueden emplearse en las grandes haciendas.

El riego, la desecación de pantanos, la construcción de líneas férreas, pueden tan solo encontrar aplicación en la gran hacienda agraria. Esta, como la gran industria, ahorra en materias primas, mano de obra, etcétera. Aparte de esto, los grandes propietarios pueden tener agrónomos especialistas que dirijan su negocio según los sistemas científicos.

En el campo del *comercio y del crédito* sucede lo mismo que en el de la industria; el gran empresario conoce mejor el mercado, puede esperar, adquiere a precios mejores todo lo necesario y vende a precios superiores. Al pequeño propietario no le queda más que luchar poniendo en tensión todas sus fuerzas, no puede vivir más que a fuerza de *sobretrabajo* y limitando sus necesidades. Este es el único modo que tiene de mantenerse en el régimen capitalista, estando además agravada su miseria por los impuestos. El Estado capitalista agrava la propiedad agrícola extraordinariamente; basta recordar qué significaban los impuestos zaristas para los campesinos: «Vende todo, pero paga los impuestos».

En general, se puede decir que la pequeña producción en la agricultura es más resistente que en la industria. Mientras en la ciudad los pequeños capitalistas y los artesanos se arruinan enseguida relativamente, la pequeña propiedad agrícola se mantiene en todos los países sobre bases más sólidas. Pero también aquí progresa el empobrecimiento aunque más lentamente. A menudo una hacienda que por su extensión no es grande es, en realidad, rica en capital y ocupa un gran número de obreros (por ejemplo: los jardines y los huertos en los alrededores de las grandes ciudades). Otras veces nos parece estar ante pequeños propietarios independientes, pero que son en realidad obreros asalariados que van a trabajar en las grandes haciendas como trabajadores de estación. Entre la clase de campesinos se verifica el mismo fenómeno que hemos observado en el artesanado. Pocos pueden conservar su propiedad. La mayoría viven de préstamos que les llevan a la ruina. Estos últimos venden primero la vaca y el caballo, y luego su trozo de tierra, teniendo que ir a buscar trabajo en la ciudad. El campesino pobre se convierte en *obrero asalariado*, y el usurero sanguinario que puede tener obreros asalariados, se convierte en *latifundista* o *capitalista*.

Así también en la agricultura una gran parte de la tierra, de los aperos, de las máquinas, del ganado, se encuentran en manos de un pequeño núcleo de grandes propietarios capitalistas, al servicio de los cuales trabajan millones de obreros.

En América, donde el capital ha alcanzado su grado más alto de desarrollo, hay grandes haciendas agrícolas en las que se trabaja como en una fábrica. A semejanza de la fábrica, se produce una sola especialidad. Existen tierras que solo se cultivan para frutas; otras, para la cría de aves. Muchas ramas de la producción agraria están concentradas en pocas manos. Así, por ejemplo, hay un «rey de los pollos», un «rey de los huevos», etcétera.

## 15. Servidumbre del proletariado; la reserva industrial, el trabajo de las mujeres y niños

Cada vez, bajo el régimen capitalista, se convierten mayores masas populares en obreros asalariados. Todos los artesanos, pequeños propietarios, campesinos, comerciantes en quiebra, en suma, todos aquellos a quienes el capital ha arruinado, acaban en las filas del proletariado. A medida que las riquezas se concentran en manos de pocos capitalistas, van pasando las masas populares a ser apretadas huestes de esclavos asalariados.

Dado el descenso continuo de las clases medias, el número de los obreros sobrepasa las necesidades del capital, cosa que encadena el obrero al capital, pues tiene que trabajar para el capitalista, porque, de lo contrario, este encontraría cien otros para el mismo puesto.

Esta dependencia hacia el capital está consolidad de otro modo, además del de la ruina de nuevos estratos sociales. El capitalista asegura su predominio sobre la clase obrera arrojando a la calle los obreros superfluos y creándose de este modo una reserva de mano de obra. ¿Cómo ocurre este fenómeno? Del modo siguiente: hemos visto ya que todo industrial tiende a reducir el precio de coste de sus productos. Por esta razón introduce continuamente máquinas nuevas. Pero la máquina generalmente *sustituye* al obrero, hace superflua una parte de los obreros. La introducción de toda máquina nueva significa el despido de parte de los obreros. Estos, que antes tenían ocupación en la fábrica, se quedan sin colocación. Dado que la introducción de nuevas máquinas, ahora en este, mañana en el otro ramo de la industria, será permanente, está claro que también la *desocupación tiene que existir siempre en el régimen capitalista*. El capitalista no se preocupa en proporcionar trabajo a todos, sino únicamente en sacar de la clase obrera el *mayor provecho posible*. Por lo mismo, es natural que lance al arroyo a los obreros que no le producen ganancia.

Es un hecho que en todos los países capitalistas, en las grandes ciudades, existe siempre un gran número de desocupados. Encontramos jóvenes campesinos, artesanos y pequeños negociantes arruinados, obreros metalúrgicos, tipógrafos y tejedores que durante muchos años han trabajado en la fábrica y que son licenciados para dejar el puesto a nuevas máquinas. Todos estos juntos forman una reserva de mano de obra para el capital, o, como la llamó Carlos Marx, la *reserva industrial*. La existencia de esta reserva industrial y la desocupación continua permiten a los capitalistas acentuar la dependencia y la opresión de la clase obrera. Mientras que de una parte de los obreros saca el capital, con auxilio de la máquina, una ganancia mayor, la otra parte se encuentra en la calle; pero, aun desde ella, los desocupados hacen el juego del capital atemorizando a los descontentos.

La reserva industrial presenta aspectos de embrutecimiento, de hambre, de mortalidad excepcional y hasta de delincuencia. Los que desde años no encuentran trabajo se dan al alcoholismo, a vagabundear, a pedir limosna, etcétera. En las grandes ciudades, como Londres, Nueva York, Berlín, París, hay barrios enteros habitados por desocupados. Un ejemplo de este género lo tenemos en el mercado de Chitrof, en Moscú. En lugar del proletariado surge una nueva clase que ha olvidado ya el trabajo. Este producto de la sociedad capitalista se llama *Lumpenproletariat* (hampa proletaria).

La introducción de la máquina trajo consigo también el *trabajo de las mujeres y de los niños*, que es más barato, y, por tanto, más conveniente para el capitalista. Antes de la introducción de la máquina todo oficio requería un largo aprendizaje y una habilidad especial. Las máquinas, en cambio, puede manejarlas hasta un niño, y esta es la razón por qué desde la invención de las máquinas ha encontrado tanta aplicación el trabajo de las mujeres y de los niños. Hay que añadir a esto que las mujeres y los niños no pueden oponer al capitalista una resistencia tan fuerte como los obreros. Aquellas son más tímidas y tienen además, una fe supersticiosa en la autoridad y en los curas. Por esto el capitalista sustituye con frecuencia los hombres con mujeres y niños, obligando a estos últimos a agotar sus juveniles energías en su provecho.

El número de trabajadores y empleados en 1913 era el siguiente: en Francia, 6 800 000; en Alemania, 9 400 000; en Austria-Hungría, 8 200 000; en Italia, 5 700 000; en Bélgica, 930 000; en los Estados Unidos, 8 000 000; en Inglaterra, 6 000 000. En Rusia, el número de obreras ha ido creciendo constantemente. En 1900 el número de obreras constituía el 25% (es decir, una cuarta parte) de todos los obreros y obreras industriales; en 1908, el 31%, esto es, casi un tercio; en 1912, el 45%. En la industria textil, por ejemplo, en 1912 entre 870 000 eran 453 000 mujeres, esto es, más de la mitad (el 52%). Durante la guerra el número de obreras creció desmesuradamente. El trabajo de los niños también está en boga en muchas comarcas, a pesar de todas las prohibiciones. En América, el país más adelantado desde el punto de vista capitalista, el trabajo de los niños está muy difundido.

Todas estas circunstancias traen consigo la disolución de la familia obrera. ¿Cómo puede conservarse la vida de familia si la madre y el hijo tienen que ir al taller?

La mujer que va a trabajar a la fábrica, que se convierte en obrera, está, como el hombre, expuesta a todas las miserias de la desocupación. También ella es lanzada a la calle por el capitalista, también ella entra en las filas de la reserva industrial, y también puede, como el hombre, degenerar. Un fenómeno que está en íntima relación con la desocupación de la obrera es la *prostitución*. Sin trabajo, hambrienta, acosada por todas partes, se ve obligada a vender su cuerpo; hasta cuando encuentra trabajo es generalmente el salario tan ínfimo, que para tener lo necesario para la vida vende su cuerpo. Y con el tiempo el nuevo oficio se convierte en hábito. Así se forma la categoría de las prostitutas profesionales.

En las grandes ciudades el número de las prostitutas es inmenso. Ciudades como Hamburgo y Londres cuentan decenas de mi-les de estas desgraciadas. También estas forman una fuente de ganancia y enriquecimiento para el capital, que instituye grandes prostíbulos organizados a base capitalista. La trata de blancas está difundida en todos los países. Los centros de este comercio eran las ciudades de la Argentina. Es particularmente repugnante la prostitución de los niños que florece en las grandes capitales europeas y americanas.

A medida que se inventan en la sociedad capitalista nuevas máquinas más perfeccionadas; a medida que surgen fábricas cada vez mayores y crece la cantidad de los productos, el yugo del capital se hace cada vez más pesado y siempre mayor la miseria de la reserva y la dependencia de la clase obrera hacia sus explotadores.

Si no existiese la propiedad privada, sino que todo fuera propiedad de todos, el mundo tendría un aspecto bien distinto. Los hombres reducirían las horas de trabajo, restaurarían sus fuerzas y tendrían mayor libertad. Pero el capitalista que introduce una máquina piensa tan solo en la ganancia: no reduce las horas de trabajo porque en tal caso reduciría también su ganancia. En el régimen capitalista la máquina no libera al hombre, sino que lo *esclaviza más*.

Con el desarrollo del capitalismo una parte siempre mayor del capital se emplea en la adquisición de máquinas, utensilios, edificios, altos hornos, etcétera, al tiempo que para *la remuneración de los obreros* cada vez se gasta una parte más pequeña del capital. En otros tiempos, cuando todavía se trabajaba a mano, el gasto para máquinas era mínimo y casi todo el capital se empleaba en el jornal de los obreros. Ahora sucede lo contrario: la mayor parte del capital se destina a los medios de producción. Esto significa que la demanda de mano de obra no aumenta en la medida que crece el número de proletarios. Cuanto mayor es el desarrollo de la técnica del régimen capitalista tanto más opriment es el yugo del capital y menores son para el obrero las posibilidades de encontrar trabajo.

## 16. Anarquía de la producción, concurrencia, crisis

La miseria de la clase obrera aumenta con el progreso de la técnica, la cual, en vez de ser útil a toda la sociedad, trae, bajo el capitalismo, mayores ganancias al capitalista y la desocupación y ruina a muchos obreros. Pero esta miseria aumenta también por otras causas.

Hemos visto anteriormente que la sociedad capitalista está bastante mal construida. Domina la propiedad privada, sin ningún plan general. Cada capitalista dirige su negocio con independencia de los demás. Lucha con los otros, está en relación de «concurrencia» con ellos.

Ahora se presenta el problema de si esta lucha va atenuándose o no. Es un hecho que el número de capitalistas es cada vez más pequeño. Los grandes capitalistas devoran a los pequeños. Antes, cuando luchaban entre sí decenas de miles de capitalistas, la concurrencia era encarnizada; ahora que no hay tantos concurrentes parece que la lucha debería ser menos áspera. Pero la realidad es bien diversa. El número de los concurrentes es menor; pero cada uno de ellos es *mucho más fuerte*, en comparación de lo que sus concurrentes de otro tiempo. La lucha es más cruel y áspera. Si en el mundo solo existieran dos capitalistas, estos dos estados capitalistas lucharían el uno contra el otro. En último análisis hemos llegado a este punto. La lucha entre los grandes grupos capitalistas se manifiesta en el antagonismo entre los diversos grupos de Estados capitalistas, antagonismos que llevan de la guerra comercial a la guerra armada. La concurrencia disminuye con el desarrollo del capitalismo, *solo si se considera el número de concurrentes; pero se acentúa en cuanto a su encarnizamiento y a sus consecuencias desastrosas*.[2]

Todavía nos queda por tratar un fenómeno: las llamadas *crisis*. ¿Qué son las crisis? He aquí cómo se desenvuelve el proceso este.

---

[2] Trataremos con más profusión este argumento en el capítulo de la guerra imperialista.

Un buen día resulta que se han producido algunas mercancías en cantidad excesiva. Los precios bajan y, sin embargo, no se encuentra quien las compre. Todos los almacenes se abarrotan. Gran cantidad de obreros son reducidos a unas condiciones de miseria, en las que no pueden ni siquiera comprar lo poco que consumían en otros tiempos. Entonces comienzan las catástrofes. Empiezan las quiebras en un ramo de industria. Pero todas las industrias están en una íntima dependencia; por ejemplo, las sastrerías compran las telas en las fábricas de tejidos; estas compran la lana de otros productores, y así sucesivamente. Si las sastrerías quiebran, las fábricas de tejidos no encontrarán compradores para sus productos e irán a la ruina, y lo mismo les pasará a los productores de lana. Por todas partes se cierran las fábricas y las oficinas, aumenta la desocupación hasta límites pavorosos y la condición de vida de los obreros empeora, y, sin embargo, abundan las mercancías, de las que están repletos los almacenes. Este fenómeno se verificó, antes de la guerra, repetidas veces: la industria florece; los negocios de los industriales marchan admirablemente; de pronto surgen las quiebras, la desocupación, la miseria; después la industria se levanta de nuevo, hasta que viene otra nuevas crisis, y así sucesivamente.

¿Cómo se explica este fenómeno paradójico, en el que caen los hombres a la condición de mendigos en medio de la abundancia y de las riquezas?

La respuesta a esta pregunta no es fácil. Hemos visto antes que en la sociedad capitalista reina el caos, *la anarquía de la producción*. Cada industrial produce mercancías independientemente de los demás, a su propio riesgo y bajo su responsabilidad. Con este sistema de producción se llega al momento en que supera la producción a la demanda. Cuando se producían bienes y no mercancías, esto es, cuando la producción no era destinada para el mercado, la sobreproducción no podía ser peligrosa. En cambio, en la producción de mercancías las cosas cambian. Cada industrial tiene que vender las mercancías ya producidas, antes de poder adquirir otras mercancías para la ulterior producción. Pero cuando la máquina se para en un punto, el choque se reproduce inmediatamente a otra industria, y así sucesivamente, o sea que se declara una crisis general.

Las consecuencias de estas crisis son desastrosas. Grandes cantidades de mercancías se pierden. Los residuos de las pequeñas industrias son pulverizados. Tampoco pueden mantenerse en pie muchas grandes industrias, y quiebran.

Algunas fábricas paralizan por completo la producción. Otras reducen la producción y el horario. Otras suspenden temporalmente los trabajos. El número de los desocupados aumenta de día en día. La reserva industrial se aumenta, y con ella la miseria y la opresión de la clase obrera.

Citamos aquí algunos datos sobre la crisis que se verificó en toda Europa y América en 1907-1910. En los Estados Unidos, el número de los desocupados de obreros organizados creció en la siguiente medida: en junio 1907, el 8,1%; en octubre, el 18,5%; en noviembre, el 22%; en diciembre, el 32,7% (en la industria de la construcción, el 42%; en la industria del tabaco, el 55%). Como se comprenderá, la desocupación general, incluidos los no organizados, era mucho mayor. En Inglaterra los desocupados llegaron, en el verano de 1907, al 3,4%; en noviembre, al 5%; en diciembre, al 6,1%; en julio, al 18,2%. En Alemania el número de los desocupados era, en enero de 1908, el doble del de los años precedentes. El mismo fenómeno se podía observar en los demás países.

Por lo que respecta a la *disminución de la producción* nos basta presentar el ejemplo de que la producción del hierro fundido descendió en los Estados Unidos de 26 millones de toneladas en 1907 a 16 millones en 1908.

Durante las crisis bajan los precios de las mercancías. Para no perder su ganancia, los señores capitalistas no tienen inconveniente en *arruinar la producción*. En América, por ejemplo, dejaron apagar los altos hornos. Los propietarios de las grandes plantaciones de café del Brasil hicieron arrojar al mar los sacos de café para sostener altos los precios. Actualmente todo el mundo sufre la falta de productos a consecuencia de la guerra capitalista. En tiempos de paz, el capitalismo se ahogaba en la abundancia de productos, que, sin embargo, no iban en beneficio de los obreros, los cuales no podían adquirirlos por falta de dinero. De esta abundancia el obrero tocó tan solo una consecuencia; la desocupación con todas sus miserias.

## 17. El desarrollo del capitalismo y la división en clases

*Agudización de los conflictos de clase.* Ya vimos que la sociedad capitalista sufre dos males fundamentales: en primer lugar, es «anárquica» (le falta organización); en segundo, consta de dos sociedades (clases) adversas. También vimos que con el desarrollo del capitalismo la anarquía de la producción, que se manifiesta en la concurrencia, se acentúa constantemente y conduce al disgregamiento y a la destrucción. El proceso de disolución de la sociedad no disminuye, sino aumenta. *El abismo que divide la sociedad en dos clases, se hace cada vez más profundo.* Por un lado, acumulan los capitalistas todas las riquezas del mundo, mientras reina en la clase oprimida la miseria y el hambre. La reserva industrial representa la clase de los hambrientos, desmoralizados y embrutecidos. Pero aun los que trabajan están cada vez más distantes en su nivel de vida del de los capitalistas. La diferencia entre proletariado y burguesía se hace *cada vez mayor.* En otros tiempos existían numerosos pequeños y medianos capitalistas, muchos de los cuales estaban en estrecha relación con los obreros y no vivían mucho mejor que ellos. Ahora los grandes señores llevan una vida que ni siquiera se podía soñar en otros tiempos. También es verdad que las condiciones de los obreros se han mejorado con el desarrollo del capitalismo, pero aumenta aún *más rápidamente la ganancia del capitalista.* En la actualidad la clase obrera está tan lejos de la capitalista como el cielo de la tierra. Cuanto más se desarrolla el capitalismo, tanto más se enriquecen los grandes capitalistas y tanto más profundo se hace el abismo entre esta pequeña falange de reyes sin corona y la gran masa de proletarios esclavizados.

Hemos dicho que los salarios crecen, pero que la ganancia aumenta con mucha más rapidez, y que por esta razón el abismo entre las dos clases se hace cada vez más profundo. Ahora bien; desde el principio del siglo XX, los salarios no aumentan, sino que disminuyen,[3] mientras que las ganancias han tenido un alza extraordinaria, con lo que la desigualdad social se ha hecho en los últimos años absolutamente patente.

Es evidente que la creciente desigualdad tendrá que conducir, tarde o temprano, al choque entre capitalistas y obreros. Si la desigualdad desapareciera y se acercaran las condiciones económicas de los obreros a las de los capitalistas, naturalmente que podría reinar la paz y la fraternidad en la tierra. Pero dada la manera como están las cosas en la sociedad capitalista, los obreros no pueden acercarse a los capitalistas, sino que cada vez se alejan más de ellos. Todo lo cual no significa otra cosa sino que *la lucha de clase* entre el proletariado y burguesía, tiene inevitablemente que acentuarse.

Contra esta concepción, los científicos burgueses han presentado muchas objeciones. Estos han pretendido demostrar que el obrero, en la sociedad capitalista, vivirá cada vez mejor. Esta concepción ha sido recientemente admitida por los socialistas de la derecha. Unos y otros sostienen que los obreros serán cada vez más ricos y se podrán convertir hasta en pequeños capitalistas. Mas los acontecimientos no han tardado en demostrar la falsedad de esta doctrina. Es un hecho que las condiciones de los obreros empeoran de más en más en relación con la de los capitalistas. En confirmación de nues-

---

[3] Se entienden, naturalmente, en relación con el precio de las subsistencias, y no su alza nominal.

tro aserto vamos a aducir un ejemplo, tomado del país más adelantado capitalísticamente: los Estados Unidos. Si tomamos como base de la capacidad de adquisición del salario (esto es, la cantidad de productos de primera necesidad que puede comprar el obrero) en relación a su precio en los años 1890-1899 la cifra 100, tal capacidad de adquisición se presenta como sigue: en el 1890-1899, 98,6; en 1895, 100,6; en el 1900, 103; en el 1905, 101,4; en el 1907, 101,5. Vemos que el nivel de vida de los obreros queda casi inmutable. En el 1907 el obrero americano no ha podido adquirir más víveres, vestimenta, etcétera, que en el 1890; la capacidad de adquisición ha aumentado solo un poco, el 3%. En cambio, los millonarios americanos han tenido enormes ganancias, y la plusvalía que se han apropiado creció desmesuradamente. Con esto, naturalmente, el nivel de vida de ellos también se elevó.

*La lucha de clases* se basa sobre los antagonismos de intereses entre la burguesía y el proletariado. Estos antagonismos son lo mismo de irreconciliables como los que existen entre el lobo y el cordero.

Todo el mundo comprenderá que lo que al capitalista le conviene es hacer trabajar al obrero lo más posible y pagarlo lo menos posible. En cambio, el obrero tiene por interés el trabajar lo menos posible y cobrar cuanto más mejor. Está, pues, claro que desde que surgió la clase obrera tenía que iniciarse *la lucha por el aumento del salario y la reducción de las horas de trabajo*.

Esta lucha jamás ha sido interrumpida. Pero esta no se limitó a la lucha por el aumento de pocos céntimos. En todos los países donde se desarrolla el capitalismo, las masas obreras se persuadieron de la necesidad de acabar con el capitalismo. Los obreros comenzaron a pensar cómo pudiera ser sustituido con un orden de trabajo justo y fraternal. Así nació *el movimiento comunista de la clase obrera*.

La lucha de la clase obrera fue con frecuencia acompañada de derrotas. Y, sin embargo, la sociedad capitalista lleva en sí misma la victoria final del proletariado. ¿Por qué? Sencillamente porque el desarrollo del capitalismo lleva consigo la transformación de grandes masas populares en proletariado. La victoria del gran capital implica la ruina del artesano, del pequeño comerciante y del campesino. Cada paso que da el desenvolvimiento capitalista aumenta el número de proletarios. Cuando la burguesía sofoca movimientos obreros consolida el orden social capitalista. El desarrollo del orden social capitalista trae la ruina para millones de pequeños propietarios y campesinos, haciéndolos siervos del capital. Con esto crece el número de proletarios, o sea de los enemigos de la sociedad capitalista. La clase obrera, no solo se hace numéricamente más fuerte, sino también más compacta. ¿Por qué razones? Precisamente porque con el desarrollo del capitalismo crecen también las grandes fábricas. Cada gran fábrica alberga entre sus muros millares y hasta decenas de millares de obreros. Estos obreros trabajan en estrecho contacto entre sí. Ven fácilmente cómo los explota el empresario capitalista. Se dan cuenta en seguida de que todo obrero es el amigo y compañero de los demás obreros. Unidos en el trabajo, aprenden a obrar de común acuerdo. Tienen, además, la posibilidad de entenderse con más rapidez. He aquí por qué con el desarrollo del capitalismo crece, no solo el número, sino la *unión* de la clase obrera.

En la misma proporción en que aumentan las grandes fábricas perecen los artesanos y los campesinos. En una palabra, se reúnen en un espacio relativamente pequeño, en los grandes centros, enormes masas populares, de las cuales el proletariado industrial forma la gran mayoría.

En tales condiciones, la lucha que va extendiéndose tiene que acabar inevitablemente con la victoria de la clase obrera. Tarde o temprano tendrá lugar el choque supremo entre burgués y proletariado; la burguesía será expropiada y el proletariado destruirá el Estado capitalista e instaurará un nuevo orden social comunista. El capitalismo, pues, conduce en el curso de su desarrollo *inevitablemente a la revolución comunista del proletariado*.

La lucha de clases del proletariado contra la burguesía asume varias formas. En esta lucha se han desarrollado tres formas principales de la organización obrera: los *Sindicatos*, que agrupan a los obreros según los oficios; las *Cooperativas*, generalmente de consumo, que se proponen libertar al proletariado de la explotación del intermediario y, finalmente, los *Partidos políticos* de la clase obrera (partidos socialistas, socialdemócratas, comunistas), los cuales han escrito en su bandera la lucha por el dominio político de la clase obrera. A medida que vaya acentuándose la lucha de clase todas las formas del movimiento obrero irán convergiendo hacia la meta única: la destrucción del poder burgués. Los directores del movimiento que tenían una visión más clara de la marcha de las cosas insistieron sobre la necesidad de una estrecha unión y colaboración de todas las organizaciones obreras, defendiendo la unidad de acción entre los Sindicatos y el partido político, y que por esto los Sindicatos no debían ser neutrales (es decir, políticamente indiferentes).

En los últimos tiempos se han creado nuevos organismos de lucha; los más importantes de ellos son los *Consejos obreros*.

Del examen del desenvolvimiento del orden social capitalista podemos sacar las conclusiones siguientes: *el número de los capitalistas disminuye, pero estos se hacen cada vez más ricos y poderosos; el número de los obreros aumenta siempre y también aumenta la unión de los mismos, si bien no en la misma medida; el diferente tenor de vida de los capitalistas y los obreros se hace cada vez más resaltante; de aquí que el desarrollo del capitalismo conduzca inevitablemente al choque entre estas dos clases, es decir, a la revolución comunista.*

## 18. La concentración y centralización del capital como condición del orden social comunista

Como hemos visto, el capitalismo se cava su propia fosa, dando origen a sus propios sepultureros, los proletarios, y en proporción con su desarrollo, aumenta el número y la fuerza de sus enemigos mortales. Pero el capitalismo, no solo cría a sus enemigos, sino que prepara también el terreno para la nueva economía comunista. ¿De qué modo? A demostrar esto vamos. Hemos visto antes (véase 11, *El capital*) que el capital crece de día en día. El aumento del capital permite una ampliación de la producción. Este aumento del capital, este acrecentarse en una sola mano se llama *acumulación o concentración del capital*.

También hemos visto (con. 14, *Lucha entre la grande y pequeña industria*) que con el desarrollo del capitalismo se destruye la pequeña y media producción. La propiedad de los pequeños y medios capitalistas va por caminos diversos a terminar en los bolsillos de los grandes bandidos. El capital que antes estaba dividido entre varios propietarios ese concentra ahora en las manos, en el puño que ha vencido en la lucha. Este recoger el capital que antes estaba disperso se llama *centralización del capital*.

La concentración y la centralización del capital, esto es, su acumulación en pocas manos, no es todavía concentración y centralización de la *producción*. Supongamos que el capitalista haya adquirido con la plusvalía acumulada la pequeña fábrica de su vecino y continúe en ella la producción como antes. De pronto acontece que el capitalista transforma, alarga la producción y agranda la misma fábrica. En tal caso, no se verifica solo un agrandamiento del capital, sino también en la *producción*. Se introduce un mayor número de máquinas y se da trabajo a nuevos obreros. Muchas veces ocurre que algunas docenas de grandes máquinas suplen de mercancías a un país entero. En realidad, los obreros trabajan para la sociedad entera, y el trabajo está, como suele decirse, *socializado*. Pero la administración y el provecho pertenecen al capitalista.

Tal concentración y centralización de la *producción* da lugar a una producción verdaderamente social, aun después de la revolución proletaria. Si esta centralización de la producción no existiese y el proletariado se adueñara del Poder en un momento en que la producción estuviera todavía desparramada en centenares de miles de pequeños talleres con dos o tres obreros, sería imposible organizar la producción sobre base social. Tanto más se de-sarrolle el capitalismo y tanto más centralizada está la producción, con tanta más facilidad podrá el proletariado regirla después de su victoria final.

El capitalismo, no solo produce sus propios enemigos y conduce a la victoria comunista, sino que también crea la base económica para la realización del régimen comunista.

# Capítulo III
# Comunismo y dictadura del proletariado

## 19. Características del orden social comunista

Ya vimos por qué la sociedad capitalista tenía que morir (hoy la vemos morir ante nuestros ojos). Muere porque existen dos factores que determinan su fin: la *anarquía de la producción*, que da lugar a la competencia, a las crisis y a la guerra, y el *carácter de división de clases de la sociedad*, que, inevitablemente, produce la lucha de clases. La sociedad capitalista puede compararse a una máquina mal construida, en la que una parte obstruye continuamente la acción de la otra (véase 13, *Contradicciones del orden social capitalista*), razón por la cual esta máquina tiene que saltar.

Está claro que la nueva sociedad tiene que estar mucho mejor coordinada que el capitalismo. Apenas *el choque de las fuerzas antagónicas haya quitado de en medio al capitalismo*, surgirá sobre las ruinas de este una sociedad que no conozca estos antagonismos. Las características del sistema de producción comunista son las siguientes: 1ra. La sociedad estará organizada, es decir, no existirá ni anarquía en la producción, ni concurrencia, ni crisis. 2da. No existirá división en clases, esto es, la sociedad no estará más dividida en dos partes que se combaten mutuamente y no será, por tanto, posible que una sea explotada por la otra. Una sociedad en que no existan clases y en que toda la producción esté organizada no puede ser otra que *la sociedad comunista, en la cual todos trabajan solidariamente*.

Estudiemos de cerca esta sociedad. La base de la sociedad comunista es la *propiedad social de los medios de producción y de cambio*, o sea las máquinas, los utensilios, las locomotoras, los barcos, los edificios, los almacenes, las minas, el telégrafo y el teléfono, la tierra y las bestias de trabajo, son propiedad de la sociedad. Ni un solo capitalista ni sociedad alguna de ricos podrán disponer de estos medios, que pertenecen a la sociedad por entero. ¿Qué significa esta expresión de «la sociedad por entero»? Significa que ninguna *clase* aislada puede ser propietaria de estos medios, sino todos los *individuos* que forman esta sociedad. En tales condiciones la sociedad se transforma en una grande y sólida cooperativa de trabajo, en la que no puede existir ni desparramo en la producción ni anarquía. En dicho orden la organización de la producción es posible. La concurrencia, en cambio, ya no es posible, porque en la sociedad comunista todas las fábricas, oficinas, minas y cualquier clase de empresa, no son sino otras tantas dependencias de una gran oficina nacional que abarca toda la economía. No hay que decir que una organización tan grandiosa presupone un *plan* general de producción. Desde el momento que toda la industria y la agricultura forman una inmensa cooperativa única, naturalmente que se necesita pensar cómo hay que distribuir la mano de obra entre las industrias aisladas, cuáles y cuántos productos son necesarios, cómo y dónde haya que distribuir las fuerzas técnicas, etcétera. Todo esto tiene que estar preestablecido, al menos aproximadamente. Con sujeción a este programa hay que obrar. En esto consiste la *organización* de la producción comunista. Sin un plan y dirección común y sin una contabilidad exacta, no puede haber organización. En la sociedad comunista existe precisamente un plan de este género. Pero la organización sola no basta. Lo esencial es que esta sea una organización solidaria de *todos* los miembros de la cooperativa. Así, pues, además, el orden social comunista se distingue por el hecho de que *elimina la explotación y suprime la división de la sociedad en clases*. Es posible imaginarse que la producción esté organizada de modo que un pequeño número de capitalistas lo domine todo, pero que domine en *común*. En ese caso la producción está organizada, pues ningún capitalista combate a otro, y la concurrencia ha sido sustituida por la explotación en común de la clase obrera, reducida a una semiesclavitud. Aquí tenemos una organización, pero también *explotación* de una clase por otra. Nos encontramos con una propiedad colectiva de los medios de producción, pero en interés de una sola clase, de la clase capitalista, y, por tanto, no tiene nada que ver con el comunismo, a pesar de existir una organización de la producción. Una sociedad tal eliminaría uno de los males fundamentales —la anarquía de la producción—, pero reforzaría el otro mal del capitalismo: la división de la sociedad en dos clases antagónicas, y la lucha de clases se acentuaría aún más. Esta sociedad estaría organizada solo en un aspecto. La sociedad comunista, en cambio, no solo organiza la producción, sino que también libra al hombre de la opresión del hombre. Está, pues, organizada en todas sus partes.

El carácter social de la producción comunista también se manifiesta en todas las particularidades de esta organización. En el régimen comunista, por ejemplo, no habrá directores de fábricas permanentes o gentes que durante toda su vida hagan el mismo trabajo. En la sociedad actual están de esta manera: si uno ha aprendido el oficio de zapatero, no hará toda su vida más que zapatos; si es pastelero, se pasará la vida haciendo dulces; si es director de fábrica, no hará más que administrar y mandar; si es simple obrero, pasará su vida obedeciendo y ejecutando las órdenes de los demás. Pero no así en la sociedad comunista. Todos los hombres poseerán una cultura multiforme, de modo que todos puedan aplicar su actividad en todos los ramos de la producción. Todos son administradores; mañana trabajarán en una fábrica de jabones; la semana siguiente, quizá en un invernadero y, al pasar un mes, en alguna central eléctrica. Pero esto no será posible sino cuando todos los miembros de la sociedad puedan tener una educación adecuada.

## 20. La distribución en la sociedad comunista

El sistema de producción comunista no presupone la producción para el mercado. Se produce para satisfacer las necesidades de la sociedad. Por tanto, no existen mercancías, sino solo productos. Estos productos no son recíprocamente cambiados, no son ni vendidos ni comprados, sino simplemente acumulados en los almacenes comunes y distribuidos a los que los necesitan. El dinero será cosa superflua. Entonces, podrá argüir alguno, habrá unos que tomen una gran cantidad de productos y otros que cogerán pocos. ¿Qué ventajas se pueden obtener con este sistema de distribución? Ved cómo estará organizada la distribución. Al principio se tendrán que introducir reglas, y los productos no serán entregados más que a aquellos que posean una anotación en la carta de trabajo. Más tarde, cuando la sociedad comunista se haya desarrollado y consolidado, todo esto será inútil. Estarán en tal abundancia todos los productos, que todo el mundo podrá tener los que quiera. Pero ¿no tendrán los hombres interés en tomar más de lo que necesiten? Ciertamente, no. Hoy a nadie se le ocurriría tomar tres billetes del tranvía para ocupar un solo sitio. Lo mismo pasará en la sociedad comunista con todos los productos. Cada uno tomará de los depósitos comunes solo lo que necesite y nada más. Nadie tendrá tampoco interés en vender lo superfluo, puesto que todos tendrán lo necesario. Por esto el dinero no tendrá ningún valor. En resumen, en los comienzos de la sociedad comunista los productos probablemente serán distribuidos según el trabajo prestado, y más tarde, simplemente según las necesidades de los ciudadanos, de los compañeros.

Se oye decir con frecuencia que en la sociedad futura se realizará el derecho de cada uno al producto íntegro de su trabajo: todo el mundo recibe lo que ha producido. Esto es erróneo, y, además, jamás podría ser realizado, porque si todos recibieran lo que han producido no sería posible ni desarrollar ni agrandar y mejorar la producción. Una parte del trabajo prestado debe ser siempre empleada en mejorar la producción. Si se consumiese todo lo que se produce, no se harían más máquinas. Todo el mundo sabe que la vida mejorará con el adelanto de las máquinas. Esto implica que una parte del trabajo contenido en la máquina no vuelva nunca a aquel que la ha producido. Por esto, jamás podrá suceder que cada uno perciba el producto íntegro de su trabajo. Además, tampoco sería necesario, porque con el empleo de máquinas perfeccionadas será tan abundante la producción, que podrán quedar satisfechas todas las necesidades.

## 21. La administración en la sociedad comunista

En la sociedad comunista no existirán clases. El que no haya clases quiere decir que tampoco habrá un *Estado*. Hemos dicho antes que el Estado es la organización del dominio de clase. El Estado siempre se emplea como medio de opresión de una clase contra otra. El Estado burgués está dirigido contra el proletariado, y el Estado proletario, contra la burguesía. Pero en la sociedad comunista no habrá latifundistas, ni capitalistas, ni asalariados; solo habrá hombres, compañeros. No existirán clases y, por tanto, tampoco lucha de clases ni organización de clases. No siendo necesario tener freno alguno, el Estado se convierte en superfluo. Ahora alguien podrá preguntar: ¿Cómo puede funcionar una organización tan grande sin una dirección? ¿Quién elaborará el plan de la economía colectiva? ¿Quién distribuirá las fuerzas de trabajo? ¿Quién calculará los ingresos y los gastos sociales? En una palabra, ¿quién cuidará de todo el orden social?

La respuesta a todas estas preguntas no es difícil. La dirección central residirá en las distintas oficinas de contabilidad y en las oficinas de estadística. En ellas, día por día, se llevará cuenta de la producción y de las necesidades; se establecerá dónde la mano de obra tenga que ser disminuida y dónde aumentada, y cuánto haya que producir de un artículo y cuánto de otro. Y puesto que todos estarán acostumbrados al trabajo colectivo desde la infancia y todos comprenderán que es necesario y que la vida es mucho más fácil si todo se desenvuelve según un plan sistemático, no habrá nadie que se niegue a trabajar según las órdenes de estas oficinas de organización. No habrá necesidad de ministros, ni de policía, ni prisiones, ni leyes. A la manera como en una orquesta todos siguen la batuta del maestro, así seguirán el plan de producción, trabajando según él.

Este orden de cosas tendrá lugar en el régimen comunista ya desarrollado y *consolidado*, después de la victoria completa y definitiva del proletariado. Antes deberá la clase obrera luchar largamente contra sus enemigos, sobre todo con la herencia del pasado, como el ocio, la negligencia, los instintos antisociales y criminales. Será necesario que pasen dos o tres generaciones educadas en las nuevas normas para que puedan suprimirse las leyes y los castigos, la autoridad del Estado y todos los residuos del pasado capitalista. Si hasta entonces el Estado obrero será necesario, en cambio, en la sociedad comunista, ya desarrollada también, desaparecerá el poder estatal del proletariado. El proletariado se confundirá con las demás clases porque todos, poco a poco, habrán sido atraídos en el trabajo colectivo, y después de veinte o treinta años surgirá un nuevo mundo con otros hombres y otras costumbres.

## 22. El desarrollo de las fuerzas productivas en el régimen comunista

*Ventajas del comunismo.* Después de la victoria del régimen comunista y de la limpieza de todas las plagas, *las fuerzas productivas tomarán un desarrollo rápido*. Las razones de esto son las siguientes: en primer lugar, una cantidad de energías humanas, que antes estaban absorbidas por la *lucha de clase*, quedaron libres. Pensemos solo en cuánta energía, fuerza de nervios y trabajo son gastados en la sociedad actual por la policía, las huelgas, las revueltas y la represión de las mismas, la justicia, la política y la tensión diaria de fuerzas de una y otra parte. La lucha de clase devora una infinidad de energías y de medios. Estas energías en la sociedad comunista serán empleadas en el trabajo productivo. En segundo lugar, quedarán intactas aquellas energías y medios que hoy son *destruidos o consumidos por la concurrencia, las crisis y la guerra*. Bastaría calcular los estragos producidos por la guerra para alcanzar cifras vertiginosas. ¡Y cuántas pérdidas no sufre la sociedad por consecuencia de la lucha entre vendedores o entre compradores y vendedores! ¡Qué de energías no se dispersarán durante las crisis! ¡Qué gasto de fuerzas no producirá la falta de organización y el caos de la producción! Todas esas fuerzas que ahora se pierden quedarán intactas en la sociedad comunista. En tercer lugar, la organización y el plan sistemático no solo evitan pérdidas innecesarias (la producción en grande es siempre más económica), sino que permiten la mejora *técnica* de la producción. La producción se realizará en industrias más grandes y se valdrá de medios técnicos más perfeccionados. En el régimen capitalista la introducción de máquinas tiene un límite. El capitalista introduce nuevas máquinas solo cuando falta la mano de obra a buen precio; pero cuando esta está barata no necesita introducir innovaciones técnicas para aumentar la ganancia. El capitalista recurre a la máquina únicamente cuando le ahorra mano de obra a precios altos. Pero como en la sociedad capitalista la mano de obra, generalmente, está barata, las malas condiciones de la clase obrera se convierten en *un obstáculo* para el mejoramiento técnico. Este hecho se manifiesta particularmente claro en la agricultura. En ella la mano de obra ha estado siempre, y está, muy barata, razón por la cual el industrialismo agrícola es muy lento. En la sociedad comunista, que no se preocupa de la ganancia, sino del bien de los trabajadores, no se impedirá ninguna innovación técnica. Las invenciones técnicas progresarán en el régimen comunista mejor que en el capitalista, porque todos gozarán de buena cultura y tendrán posibilidad de desarrollar las propias cualidades inventivas, mientras que en la sociedad actual muchos obreros inteligentes se ven obligados a vivir en la ignorancia.

En la sociedad comunista todo *parasitismo* será abolido. Todos los valores que en la sociedad burguesa son consumidos y destruidos por los capitalistas, en la sociedad comunista se utilizarán para las exigencias de la producción. Desaparecerán los capitalistas y sus lacras, los curas, las prostitutas, etcétera. Todos los miembros de la sociedad realizarán un trabajo productivo.

El sistema de producción comunista determinará un inmenso desarrollo de las fuerzas productivas, de modo que el trabajo que cada uno tendrá que ejecutar en la sociedad comunista será mucho menos que antes. La jornada de trabajo será cada vez más breve, y los hombres se libertarán de las cadenas con las que la naturaleza les tiene atados. Cuando baste a los hombres emplear solo poco tiempo para procurarse lo necesario para la vida material podrán dedicar una gran parte del tiempo a su desarrollo espiritual. La civilización humana alcanzará un grado jamás soñado. La cultura será general, y no cultura de clase. Con la opresión del hombre sobre el hombre desaparecerá el dominio de la naturaleza sobre el hombre. Y la humanidad, por primera vez en la historia, llevará una vida verdaderamente racional y no animal.

Los adversarios del comunismo lo han representado siempre como *un reparto igualitario de los bienes*. Sostienen que los comunistas quieren apoderarse de todo, para repartir en partes iguales la tierra, los medios de producción y también los medios de consumo. Nada más absurdo que esto. Ante todo, una división de este género no es posible. Se pueden dividir las tierras, las bestias, el dinero; pero no se pueden dividir los ferrocarriles, los buques, las máquinas, etcétera. En segundo lugar, el reparto no sería un adelanto, sino que constituiría un retroceso de la humanidad, pues determinaría la formación de una infinidad de *pequeños propietarios*.

Sabemos que de la pequeña propiedad y de la concurrencia entre los pequeños propietarios surge la gran propiedad y el capitalismo. Con la división de todos los bienes la humanidad tendría que comenzar de nuevo su camino y cantar la vieja canción. El comunismo *proletario* (o el socialismo proletario) es un gran sistema de compañeros, basado en la propiedad común de los medios de producción. Nace del desarrollo de la sociedad capitalista y de la posición que ocupa en esta sociedad el proletariado. Es preciso distinguir del comunismo proletario:

a. *El socialismo de la plebe (anarquismo)*. Los anarquistas echan en cara a los comunistas que el comunismo quiere mantener en la sociedad futura el poder estatal. Como hemos dicho ya, esto no es verdad. La diferencia verdadera consiste en que los anarquistas dirigen su atención más a la distribución que a la organización de la producción. Esta organización no la conciben como una gran economía solidaria, sino como una infinidad de pequeñas comunidades autónomas. Una sociedad así no puede libertar a la humanidad del grupo de la naturaleza; en dicha sociedad las fuerzas productivas no pueden alcanzar el alto grado de desarrollo a que han llegado bajo el dominio del capital, porque la *anarquía* no aumenta la producción, sino que la *destruye*. Por eso no tiene nada de particular que los anarquistas, en la práctica, estén con frecuencia inclinados a la división de los medios de consumo y *contrarios a la organización de la producción en gran escala*. Ellos representan los intereses y las aspiraciones, no ya de la clase obrera, sino del llamado *Lumpen proletariat*, el proletariado de los vagabundos, que sufre bajo el régimen capitalista, pero que no es capaz de un trabajo creador e independiente.

b. *El socialismo pequeñoburgués*. Este se basa, no sobre el proletariado, sino sobre los artesanos destinados a desaparecer y sobre una parte de los intelectuales. Este protesta contra el gran capital, pero en nombre de la *libertad* de la pequeña empresa. Generalmente defiende la democracia burguesa en contra de la revolución socialista, buscando la realización de sus ideales con medios pacíficos: mediante el desarrollo de las cooperativas, la organización de los artesanos, etcétera. En la sociedad capitalista las cooperativas degeneran muchas veces en simples empresas capitalistas.

c. *El socialismo agrario-burgués* asume varias formas y se acerca a veces al anarquismo agrario. Su característica es que no representa jamás el socialismo como una *economía en grande*. Tiende a la concepción de la división igualitaria. Se distingue del anarquismo por su afirmación de un fuerte poder que debe defenderlo de los latifundistas, por un lado, y del proletariado, por otro. Este género de *socialismo* y la *socialización de la tierra* de los socialrevolucionarios rusos que quieren eternizar la pequeña propiedad, y por esto tienen miedo al proletariado y a la transformación de la economía en una gran unión comunista. En algunos estratos campesinos existen todavía otras formas de socialismo que se aproximan más o menos al anarquismo en cuanto que niegan el poder estatal, pero que se distinguen por su carácter pacífico (como el comunismo de los sectarios, de los duchoborzi, etcétera). Estas corrientes agrariocampesinas solo podrán ser superadas en el curso de largos años, cuando el campesino haya reconocido las ventajas de la economía racional. (Más tarde volveremos sobre este argumento.)

d. *El «llamado» socialismo de los grandes capitalistas y de los esclavistas*. En esto no se encuentra ni aun siquiera una *sombra* de socialismo. Si en los tres grupos antes referidos hay todavía alguna traza de socialismo y una protesta contra la explotación en este último, la palabra *socialismo* es únicamente un espejuelo para el engaño. Esta ideología ha sido trazada por los científicos burgueses y aceptada por los socialistas reformistas (en parte también por Kautsky y compañía). De esta clase, es, por ejemplo, el comunismo del antiguo filósofo griego Platón. Este comunismo consiste en que la organización de los capitalistas explota la masa de los esclavos *en común y solidariamente*. Entre los amos reina la igualdad completa y todo está en común. Los esclavos son despojados de todo derecho y de toda propiedad. Claro que esto ni siquiera huele a socialismo. Un socialismo de esta clase es el que defienden los profesores burgueses bajo el nombre de *socialismo de Estado*, con la sola diferencia de que en el puesto de los esclavos está el proletariado moderno y que en lugar de los poseedores de esclavos están los capitalistas. Esto no es socialismo, sino *capitalismo estatal del trabajo forzado*. (Ya hablaremos de él más adelante.)

El socialismo pequeñoburgués, el agrario y el anarquista tienen una característica común: todos ellos prescinden del desarrollo real de la economía, que conduce a la creciente industrialización de la producción. Los socialismos utópicos se basan totalmente en la pequeña propiedad. Como todas estas formas de socialismo no tienen ninguna posibilidad de realización, quedan solo como sueños, «utopías».

## 23. La dictadura del proletariado

Para poder realizar el orden social comunista, el proletariado tiene que ser dueño de todo el poder y de toda la fuerza estatal. No puede destruir el viejo mundo hasta que no tenga el poder en sus manos y se haya convertido, por un cierto tiempo, en clase *dominante*. Se comprende que la burguesía no abandonará su posición sin lucha. Para ella el comunismo representa la pérdida de su posición dominante, la pérdida de la libertad de sacar el sudor y la sangre a la clase obrera, la pérdida del derecho a las ganancias, a las rentas, a los intereses, etcétera. Por todo esto la revolución comunista del proletariado, la transformación comunista de la sociedad encuentra una resistencia encarnizada de los explotadores. El poder proletario tiene por misión el romper implacablemente esta resistencia. Como esta inevitablemente ha de ser muy fuerte, el dominio del proletariado tiene que asumir la forma de *dictadura*. Bajo el nombre de «dictadura» se entiende un rígido sistema de gobierno y la máxima resolución en la represión del enemigo. En tales circunstancias no puede tratarse de «libertad» *para todos los individuos*. La dictadura del proletariado no es compatible con la libertad de la burguesía. Pues precisamente la dictadura se crea para privar a la burguesía de toda libertad, para atarla de pies y manos y *quitarle toda posibilidad* de combatir al proletariado revolucionario. Cuanto más fuerte es la resistencia de la burguesía, cuanto más desesperadamente recoge ella sus fuerzas, cuanto más peligrosa se hace, tanto más dura e implacable debe ser la dictadura proletaria, que en los casos extremos no debe retroceder ante el terrorismo. La dictadura proletaria puede hacerse más blanda solo cuando los explotadores hayan sido eliminados del todo y cuando la burguesía no tenga ya ninguna posibilidad de dañar al proletariado. Mientras tanto, la antigua burguesía se habrá fundido poco a poco con el proletariado, y el Estado proletario irá lentamente muriendo, y la sociedad entera se transformará en una sociedad comunista sin división alguna de clases.

Bajo la dictadura del proletariado, que solo es un fenómeno *transitorio*, los medios de producción pertenecen, como es natural, no a toda la sociedad, sino al proletariado, a su *organización estatal*. Los medios de producción son transitoriamente monopolizados por la clase trabajadora, es decir, por la mayoría de la población. Por tanto, todavía no pueden existir relaciones de producción verdaderamente *comunistas*. Sigue persistiendo la división de la sociedad en clases; todavía existe una clase dominante, el proletariado, el monopolio de los medios de producción por parte de esta *nueva* clase y un poder estatal que suprime a sus enemigos. Cuando la resistencia de los antiguos capitalistas, latifundistas, banqueros, generales y obispos haya desaparecido y la idea comunista haya ganado la mente y el corazón de la mayoría de los productores, *el régimen de dictadura proletaria morirá sin necesidad de revolución.*

La dictadura proletaria no es solo un arma para la represión del enemigo, sino también una ayuda para la *transformación económica.* Mediante esta transformación, la propiedad privada de los medios de producción, ha de ser sustituida con la propiedad social; esta transformación debe quitar a la burguesía los medios de producción y de cambio (expropiación). Pero ¿quién puede y debe realizar esta expropiación? Naturalmente que no una persona aislada. Si la pudiese realizar una persona aislada, o aun un grupo aislado, tendríamos, en la mejor de las hipótesis, un reparto, y en la peor, una simple rapiña. Por esto es natural que la expropiación de la burguesía tiene que ser llevada a cabo por el poder *organizado* del proletariado. Y este poder organizado no es otro sino el Estado obrero dictatorial.

Contra la dictadura proletaria se levantan objeciones por todas partes. Sobre todo por parte de los *anarquistas.* Estos dicen que aborrecen toda dominación y cualquier forma de Estado, mientras que los comunistas (bolcheviques) defienden el poder de los Soviets. Toda dominación es para aquellos una violación y limitación de la libertad. Por esto hace falta expulsar a los bolcheviques, destruir el poder de los Soviets y la dictadura del proletariado. No quieren ni dictadura ni Estado. Así hablan los anarquistas creyendo ser revolucionarios. En realidad ya no están a la izquierda, sino a la derecha de los comunistas. ¿Para qué fin es necesaria la dictadura? Pues para dar a la burguesía, organizados, el *último golpe,* para *violentar,* lo decimos abiertamente, a los enemigos del proletariado. La dictadura es un arma en manos del proletariado. Quien está en contra de la dictadura teme las acciones decididas, le disgusta hacer daño a la burguesía y no es un verdadero revolucionario. Cuando la burguesía esté vencida definitivamente, no tendremos ya más necesidad de la dictadura proletaria. Pero mientras se combate la lucha por la vida o la muerte, la clase obrera tiene el sacrosanto deber de suprimir implacablemente a sus enemigos. *Entre el comunismo y el capitalismo tiene necesariamente que interponerse el período de la dictadura proletaria.*

En contra de la dictadura están también los *socialdemócratas*, especialmente los mencheviques. Estos señores se desdicen completamente de lo que ellos mismos escribieron en otro tiempo. En nuestro antiguo programa, que hemos elaborado en colaboración con los mencheviques, está expresamente escrito: «La premisa imprescindible de la revolución social es la *dictadura del proletariado*, es decir, la conquista del poder político por parte del proletariado, de aquel poder político que le permita *romper* la resistencia de los explotadores». Los mencheviques aceptaron este principio en teoría, pero en la práctica gritan contra la violación de la libertad de los burgueses, contra la supresión de los periódicos burgueses y contra el «terror bolchevique», etcétera. En su tiempo también Plejanov aprobaba las medidas más extremas contra la burguesía, afirmaba que se debía privar a la burguesía del sufragio. Pero hoy los mencheviques se han retractado con todo esto y pasado al campo de la burguesía.

Por último, hay quien presenta objeciones desde un punto de vista moral. Estos afirman que nosotros razonamos como los hotentotes, los cuales dicen: «Si yo robo a mi vecino su mujer, esto es justo; ahora, si mi vecino me roba la mía, es una injusticia». Los bolcheviques no se distinguen en nada de estos salvajes, pues su argumento es «Cuando la burguesía violenta al proletariado, la cosa es inmoral; pero cuando el proletariado violenta a la burguesía, la cosa es moral».

Los que así nos combaten no tienen la menor idea de lo que están discutiendo. En el caso de los hotentotes se trata de dos hombres *iguales*, que se roban las mujeres por las mismas razones. En cambio, la burguesía y el proletariado no son iguales. El proletariado es una clase inmensa, mientras que la burguesía es solo una pequeña minoría. El proletariado lucha por la emancipación de toda la humanidad; la burguesía lucha por la perpetuación de la opresión, de la explotación y de las guerras. El proletariado lucha por el comunismo; la burguesía, por la conservación del capitalismo. Si el comunismo y el capitalismo fuesen lo mismo, entonces solo podría aplicarse al proletariado y a la burguesía el juicio sobre los hotentotes. El proletariado lucha *por sí solo*, por el nuevo orden social: todo lo que en esta lucha se le ponga en el camino es pernicioso a la humanidad.

## 24. La conquista del poder político

El proletariado ejerce su dictadura mediante la conquista del poder estatal. ¿Pero qué significa la conquista del poder? Muchos creen que arrancar el poder a la burguesía es cosa tan fácil como hacer pasar, a modo de prestidigitador, un reloj de un bolsillo a otro.

Esta creencia es equivocadísima. En seguida veremos dónde está el error.

El poder estatal es una *organización*. El poder estatal burgués es una organización *burguesa*, en la que a todo individuo están asignadas determinadas funciones: a la cabeza del ejército están los generales; a la cabeza de la administración, los ministros provenientes de las clases ricas. En su lucha por el poder, ¿contra *quién* lucha el proletariado? En primer lugar, contra la organización burguesa. En esta lucha el proletariado tiene la misión de atacar, de *destruir* el estado burgués. Como la fuerza principal del estado burgués reside en el ejército, para poder aniquilar a la burguesía es necesario minar y destruir el *ejército* burgués. Los comunistas alemanes no pueden vencer a los Scheidemann y los Noske si no han destruido antes el ejército blanco. La revolución no puede vencer mientras quede intacto el ejército del adversario. Cuando la revolución vence al ejército de la burguesía, esta última se disgrega y se descompone. Así, por ejemplo, la victoria sobre el zarismo determinó únicamente una destrucción parcial del estado zarista y un disgregamiento parcial de su ejército. Solo la victoria de la Revolución de Octubre acabó definitivamente la obra de destrucción de la organización estatal del Gobierno provisional y la desbandada del ejército de Kerenski.

La revolución *destruye* el poder *existente* y crea otro *nuevo*. El nuevo poder conserva algunos elementos del antiguo, pero estos elementos tienen *otra* aplicación distinta. La conquista del poder no es, pues, la conquista de la antigua organización, sino la creación de una nueva: de la organización de la clase que ha vencido en la lucha.

Este problema tiene una importancia práctica extraordinaria. A los bolcheviques alemanes se les acusa (como en su tiempo acusaban a los rusos) de que destruyen el ejército y la disciplina, imbuyendo en los soldados el espíritu de la insubordinación, etcétera. Para muchos esto parece una grave acusación. Pero en esto no hay nada horrible. El ejército que marcha a las órdenes de los generales y de la burguesía contra el proletariado tiene que ser destruido, pues de lo contrario sería la muerte de la revolución. No tenemos nada que temer de esta destrucción del ejército *burgués*. Un revolucionario tiene que estimar como un mérito el haber contribuido a destruir el aparato estatal de la burguesía. Allí donde la disciplina burguesa está intacta, la burguesía es invencible. Si se quiere vencer a la burguesía no hay que tener miedo de hacerle un *poco de daño*.

## 25. El Partido Comunista y las clases en la sociedad burguesa

Para que pueda vencer en un país el proletariado es menester que este sea compacto y organizado y que tenga un Partido Comunista, el cual tiene por misión el poseer una comprensión exacta del desarrollo del capitalismo, de las condiciones políticas y de los intereses reales de la clase obrera, a quien tiene que dirigir en la lucha. Jamás un partido ha conseguido contar en sus filas *todos* los miembros de la clase que representa. Este alto grado ningún partido lo tuvo nunca.

Generalmente ingresan en un partido los elementos más avanzados de una clase, los más audaces, enérgicos, tenaces en la lucha y los más concientes de los intereses de su clase. De esto se sigue que un partido será siempre inferior en número a la clase cuyos intereses representa. Pero por lo mismo tienen los partidos la función directiva en la lucha política. Estos *conducen* a la clase entera, y la lucha de las clases por el poder se manifiesta en la lucha *de los partidos políticos*. Para darse cuenta de la naturaleza de los partidos políticos es preciso examinar la posición de cada clase aislada en la sociedad capitalista. De esta posición se derivan determinados intereses de clase, cuya defensa constituye la esencia de los partidos políticos.

*Los latifundistas.* En el primer período del desarrollo del capitalismo la economía se basaba en el trabajo semiesclavo de los campesinos. La tierra se daba en arrendamiento a cambio de tributos en especie o en dinero. Los latifundistas tenían interés en que no emigrasen los campesinos a la ciudad; por eso ponían obstáculos a toda innovación y mantenían en el campo las antiguas relaciones de semiesclavitud. Esta fue la razón que les movió a ser adversarios encarnizados de la industria. Estos latifundistas poseían antiguas propiedades feudales, no preocupándose, generalmente, ni aun de la administración de sus tierras. Vivían, como parásitos, del trabajo de sus campesinos. Como corresponde a estas condiciones, los partidos de los latifundistas eran y son todavía hoy los puntales de la más negra reacción. Estos son los partidos que desean siempre la vuelta al viejo orden del dominio de los latifundistas, del zar, y el predominio de la aristocracia feudal con la completa servidumbre de los campesinos y de los obreros. Estos son los llamados partidos *conservadores*, o más propiamente, *reaccionarios*.

Como casi siempre los militaristas han salido de las filas de los latifundistas aristócratas, no nos puede extrañar el que estos partidos de latifundistas estén en inmejorables relaciones con los generales y los almirantes.

Como modelo de este género podemos poner a los «Junker» prusianos (en Prusia se entiende bajo el nombre de «Junker» los grandes propietarios agrarios), de los que sale la casta de los oficiales y nuestra aristocracia rusa, los llamados latifundistas salvajes o «búfalos» de la clase del diputado Markof de Krupenski, etcétera. El Consejo de Estado zarista estaba compuesto en gran parte de representantes de la clase de los grandes latifundistas. Los propietarios de la alta aristocracia son los herederos de sus antepasados que poseían miles de siervos de la gleba. En Rusia existían varios partidos de propietarios agrarios: La Unión del Pueblo Ruso, el Partido Nacionalista (capitaneado este por Krupenski), los Octobristas de derecha, etcétera.

*La burguesía capitalista*. Esta clase tiende a sacar de la «industria nacional» el mayor provecho posible, esto es, a exprimir de la clase obrera la plusvalía. Es evidente que sus intereses no se identifican del todo con los de los agrarios. El capital, cuando penetra en el campo destruye las antiguas condiciones, atrae a los campesinos hacia la ciudad, crea en la ciudad un enorme proletariado, suscita en el campo nuevas necesidades, nuevos deseos. Los labriegos que siempre estuvieron llenos de mansedumbre comienzan a «hacerse díscolos». Por esto los latifundistas aborrecen todas estas innovaciones.

En cambio, la *burguesía capitalista* ve en ellos la fuente de su bienestar. Cuantos más campesinos afluyan a la ciudad, más numerosa es la mano de obra disponible y más bajos pueden estar los salarios. Cuando la aldea está en decadencia, cuando ya los pequeños propietarios cesan de producir para el consumo propio los diversos productos, entonces se ven obligados a comprar todo al gran capitalista industrial. Al desaparecer las viejas relaciones de producción del campo, en las que la producción de cada pueblo podía satisfacer todas las necesidades del campesino, se agranda el mercado de la gran industria y aumenta la ganancia de la clase capitalista.

Ahí tenéis el por qué de la enemistad de la clase capitalista contra los *antiguos* latifundistas. Existen también capitalistas agrarios que conducen su economía empleando trabajo asalariado y máquinas. Los intereses de estos están más próximos a los de la burguesía, y por esto suelen entrar en los partidos de la gran burguesía. Sus esfuerzos se dirigen, en primera línea, contra la clase trabajadora. Cuando esta dirige su lucha en especial contra los latifundistas y combate a la burguesía solo en segundo término, la vemos que se mantiene en una cierta benevolencia (por ejemplo, del 1904 a octubre de 1905). Pero cuando la clase obrera se decide realizar sus intereses comunistas y ataca a la burguesía, entonces la burguesía capitalista se alía con los latifundistas para combatir al proletariado. Los partidos de la burguesía capitalista (los llamados partidos liberales) en la actualidad mantienen una lucha encarnizada contra el proletariado revolucionario, y forman *el Estado Mayor político de la contrarrevolución.*

En Rusia, los partidos de esta corriente política son: el «Partido de la libertad popular», llamado también partido «Constitucional democrático» o, comúnmente, partido de los «Cadetes» y el partido, casi desaparecido, de los «Octobristas».

La burguesía industrial, los agrarios capitalistas, los banqueros y sus defensores, los intelectuales (abogados, profesores, directores de fábrica, periodistas, etcétera.) forman el núcleo de estos partidos. En 1905 murmuraban contra la aristocracia, pero en el fondo temían más a los obreros y campesinos. Después de la revolución de febrero, los cadetes se pusieron a la cabeza de todos los partidos que combatían al partido de la clase obrera, o sea, los bolcheviques.

En los años 1918 y 1919, el partido de los cadetes dirigió todas las conjuras contra el poder de los Soviets, y tomó parte en el Gobierno de Denikin y Kolchak. Se puso a la cabeza de la contrarrevolución y se fundió por completo en el partido de los latifundistas. De hecho, bajo la presión de la clase obrera que ataca, todos los partidos de los explotadores se unen en un solo ejército, a la cabeza del cual se coloca el partido más enérgico.

*La pequeña burguesía urbana y los intelectuales pequeñoburgueses.* A esta clase pertenecen los artesanos y los pequeños comerciantes, los pequeños empleados y los profesionales a sueldo. En verdad, no se trata de una clase, sino de una abigarrada mezcolanza. Todos estos elementos son, unos más, otros menos, explotados por el capital. Generalmente trabajan todo lo humanamente posible. En el transcurso del desarrollo capitalista, muchos de ellos se arruinan. Sus condiciones de trabajo son de tal naturaleza, que no se dan cuenta de un golpe de su situación desesperada en el régimen capitalista. Tomemos como ejemplo a un artesano. Trabaja como una bestia, es explotado por el capital por todas partes: por el usurero que le presta dinero, por la empresa para la cual trabaja, etcétera. Pero tiene la ilusión de que es un «patrono independiente», teniendo orgullo en que no le confundan con los obreros, imitando en todo a los «señores», porque espera convertirse en señor. Esta presunción y ambición suya lo acerca más de los explotadores que de la clase obrera, a pesar de que es más pobre que las ratas. Los partidos pequeñoburgueses aparecen, por lo general, bajo la forma de partidos «radicales», «republicanos» o muchas veces, «socialistas». Es de una gran dificultad convencer al artesano de su falsa posición, que no es culpa suya, sino de su desgracia.

En Rusia, aún más que en otros países, los partidos pequeñoburgueses solían esconderse bajo la máscara socialista, como eran los partidos «socialistas populares», los «socialistas revolucionarios» y, en parte los mencheviques. Hay que advertir que los «socialrevolucionarios se apoyaban sobre todo en los pequeños y grandes agricultores.

*La clase campesina.* La clase campesina asume en el campo una posición similar a la de la pequeña burguesía en la ciudad. Los campesinos en el régimen capitalista no forman en realidad una clase estable, sino varias clases en continua fluctuación. Una parte de ellos, los más pobres, se ven obligados a trabajar como asalariados. Los más ricos aumentan su propiedad, mejoran sus medios de producción, emplean a otros obreros; en una palabra, se hacen empresarios capitalistas. Hay que distinguir entre los campesinos por lo menos tres grupos: *la burguesía agraria*, que explota a los trabajadores asalariados; *los campesinos medios*, que tienen tierra propia y no explotan asalariados, y, por último, *los semiproletarios y proletario*s.

Se comprende que estos tres grupos adoptan en la lucha de clase entre proletariado y burguesía una posición distinta, en correspondencia a sus situaciones respectivas. Los grandes campesinos suelen estar aliados con la burguesía, y, a veces, hasta con los latifundistas. En Alemania, por ejemplo, están los «grandes campesinos» con los curas y los latifundistas en la misma organización; lo mismo pasa en Suiza, en Austria y en parte de Francia. En Rusia los «usureros» del pueblo han apoyado, en 1918, todos los manejos contrarrevolucionarios. *Los estratos semiproletarios y proletarios* ayudan, como es natural, a los obreros en su lucha contra la burguesía y los grandes campesinos. La posición de los campesinos medios es un poco más complicada.

Si los campesinos medios comprendiesen que en el régimen capitalista para la mayoría de ellos no hay salida, pues pocos podrán hacerse ricos, mientras que los más tienen que llevar una vida agitada, ayudarían resueltamente a los obreros. La desgracia de ellos está en tener la mentalidad de los artesanos y de la pequeña burguesía urbana. *Cada* uno espera en el fondo de su alma hacerse rico. Por otra parte, es explotado por el capitalista, el latifundista y el usurero. El campesino medio oscila entre el proletariado y la burguesía. No puede ponerse sin reservas en el terreno de la clase obrera, y por otro lado, teme al latifundista como al fuego.

La cosa es, en particular, evidente en Rusia, Al principio, los campesinos medios ayudaron a los obreros contra los latifundistas y los grandes campesinos; más tarde, temiendo estar peor en la «comuna» v alentados por los grandes campesinos, tomaron una posición hostil hacia los obreros, pero cuando el peligro de la vuelta de Denikin y Kolchak se pasó, apoyaron de nuevo a los obreros.

Las mismas relaciones se manifestaron en la lucha de partidos. Los campesinos medios siguieron, ora el partido de los obreros (Partido Comunista o Bolchevique), ora el de los grandes campesinos y usureros (Partido Social-revolucionario).

*La clase obrera (el proletariado)* representa la clase que «no tiene nada que perder más que sus cadenas». Esta, además de estar explotada por el capitalismo, el desarrollo histórico la ha fundido en una masa potente, habituada a trabajar y luchar junta. Por eso la clase obrera es *la clase más progresiva de la sociedad capitalista*. Por eso también un partido es el *más avanzado, el más revolucionario que pueda existir*.

Es, pues, natural que el objeto de este partido sea la revolución comunista. Para llegar a esa meta, el partido del proletariado debe ser *intransigente*. Su misión no es la de parlamentar con la burguesía, sino aniquilarla y romper su resistencia. Este partido tiene que poner en evidencia la antítesis irreconciliable entre los intereses de los explotadores y de los explotados.

¿Qué posición debe tomar nuestro partido frente a la pequeña burguesía?

Por lo que arriba hemos dicho, nuestra posición está clara. Debemos demostrar por todos los medios a la pequeña burguesía que toda esperanza de una vida mejor bajo el capitalismo es una mentira y un autoengaño. Tenemos, con paciencia y constancia que hacer comprender al campesino medio que él debe pasarse resueltamente al campo del proletariado y luchar junto a él. Tenemos que demostrarles que con la victoria de la burguesía ganarían solo los grandes campesinos usureros, que se convertirían en nuevos latifundistas. En una palabra, tenemos que traer a todos los trabajadores a que se entiendan con el proletariado y llevarlo al terreno de la clase obrera. La pequeña burguesía y el proletariado están llenos de prejuicios, que son hijos de sus condiciones de vida. Nuestro deber consiste en hacerles ver con evidencia el estado real de las cosas, esto es, que no hay esperanza bajo el capitalismo para la condición del artesano y del campesino trabajador. En la sociedad capitalista el campesino tendrá siempre sobre el cuello al latifundista, y únicamente después de la victoria y la consolidación del poder del proletariado la vida económica y social podrá cambiar de aspecto. Pero como el proletariado no puede vencer sino gracias a su unión y organización y con la ayuda de un partido fuerte y resuelto, nosotros debemos atraer a nuestras filas a todos los trabajadores, que anhelan una vida nueva y han aprendido a vivir y a luchar como proletarios.

La importancia que tiene la existencia de un Partido Comunista fuerte y batallador la vemos en el ejemplo de Alemania y Rusia. En Alemania, donde hay un proletariado muy adelantado, no había antes de la guerra un partido luchador de la clase obrera como el de los comunistas rusos (bolcheviques). Solo durante la guerra los compañeros Carlos Liebknecht, Rosa Luxemburgo y otros se pusieron a organizar un Partido Comunista. Por esto los obreros alemanes no lograron en 1918-1919 vencer a la burguesía, a pesar de la serie de insurrecciones que realizaron. En cambio, en Rusia, donde existía un partido revolucionario, el proletariado tuvo una buena dirección, y, a pesar de todas las dificultades, fue el primer proletariado que supo sublevarse de una manera tan resuelta y vencer tan pronto. Nuestro partido, en este respecto, puede servir de modelo a todos los demás partidos comunistas. Su cohesión y disciplina son admirables. Es realmente el partido más combativo, el partido director de la revolución proletaria.

# Capítulo IV
# Cómo el desarrollo del capitalismo conduce a la revolución comunista

## 26. El capital financiero

Ya dijimos que entre los capitalistas aislados siempre hubo continuas luchas a la caza del comprador, luchas en las que siempre vencieron los grandes capitalistas. Los pequeños capitalistas se arruinaron, mientras que el capital y toda la producción se concentraron en manos de los capitalistas más poderosos. (Concentración y centralización del capital). Hacia los últimos decenios del siglo pasado el capital estaba ya bastante centralizado. En lugar de las empresas individuales aparecieron en gran número las *Sociedades anónimas*, esto es, las «Cooperativas por acciones», las cuales son, naturalmente, Sociedades de *capitalistas*. ¿Qué significan estas y cuáles fueron sus orígenes? La cosa es bien clara. Toda empresa necesitaba para empezar un capital relativamente grande. Una empresa que se constituyese con capitales escasos tenía poca probabilidad de poder resistir la concurrencia de los grandes capitalistas que la cercaban por todas partes. Por esto toda empresa nueva que quisiera vivir y prosperar tenía que estar desde el principio organizada sobre una vasta escala. Pero esto no era posible si no disponía de un fuerte capital. Para llenar esta necesidad nació la Sociedad por acciones, cuya esencia consiste en el hecho de que en ella algunos grandes capitalistas ponen en circulación los capitales de los pequeños capitalistas, y aun hasta los ahorros de un grupo no capitalista (pequeñoburgueses, campesinos, empleados, etcétera). Todo consiste en que cada uno invierte una o varias cuotas y recibe en cambio un título llamado «acción», que le da el derecho de percibir una parte de las ganancias. Con esto se obtiene, por la acumulación de muchas pequeñas cantidades, un gran «capital social».

Al aparecer esta nueva clase de sociedad, muchos científicos burgueses, a los que también siguieron muchos socialistas reformistas, declararon que empezaba una nueva época: el capitalismo ya no llevaría el dominio de un pequeño grupo de capitalistas, sino que todo asalariado o estipendiado podría adquirir con sus ahorros acciones, convirtiéndose así en capitalista. El capital se haría cada vez más «democrático», y llegaría el día en que desaparecería sin revolución la diferencia entre capitalista y obrero.

El desenvolvimiento de los acontecimientos demostró que todas estas profecías eran absurdas. Sucedió precisamente todo lo contrario. Los grandes *explotaron* sencillamente a los pequeños en su provecho, y la concentración del capital progresó aún más aprisa que antes, porque entraron en lucha también las grandes sociedades por acciones entre sí.

Se comprende fácilmente que los grandes accionistas hayan conseguido hacer de los pequeños sus satélites. Los pequeños accionistas casi siempre residen en otra ciudad y no tienen medios para hacer un viaje de centenares de kilómetros para participar en una asamblea de accionistas. Pero aun cuando un cierto número de pequeños accionistas tome parte en ellas, lo hacen sin estar organizados. En cambio, los grandes accionistas están organizados, y consiguen por esto realizar todos sus fines. La experiencia ha demostrado que basta con que tengan en sus manos los grandes accionistas un tercio de la acciones para que sean los dueños absolutos de la empresa entera.

Pero la concentración y la centralización del capital no se para aquí. En los últimos años, en el puesto de las Sociedades anónimas, aparecieron *Asociaciones capitalistas, los llamados Sindicatos y los trusts*.

Supongamos que en un ramo de la industria, por ejemplo, en la textil o en la metalúrgica, hayan desaparecido todos los pequeños capitalistas y solo hayan quedado en pie cinco o seis de las mayores empresas para sostener la producción. La concurrencia que se hacen estas entre sí tiene como resultado que los precios bajan y, por tanto, disminuye la ganancia. Sigamos suponiendo que algunas de estas empresas sean más fuertes que las otras. En tal caso, los más fuertes continuarán la lucha de concurrencia hasta que sean destruidas las más pequeñas. Supongamos que llegue un momento en que todas tengan la misma fuerza: habrán llegado poco a poco a la misma producción, a las mismas máquinas, al mismo número de obreros, y, por tanto, el precio de coste será igual. En tal caso, la lucha no puede ser vencida por ninguna; todas se irán agotando en la misma medida, la ganancia de todos disminuirá. Los capitalistas llegarán forzosamente a esta conclusión: ¿por qué vamos a estarnos bajando los precios mutuamente? ¿No sería mejor para nosotros el unirnos y robar al consumidor en *común*? Si nos unimos ya no habrá más concurrencia, y estando todas las mercancías en nuestras manos podemos hacer subir los precios a nuestro beneplácito.

De esta forma indicada surge una asociación de capitalistas: el *Sindicato* o el *Trust*. Entre *Sindicato* y *Trust* existe la siguiente diferencia: los capitalistas organizados en un *Sindicato* se comprometen a no vender las mercancías más bajas de un precio establecido, a dividir entre sí los pedidos y a repartirse el mercado, etcétera; pero la dirección del *Sindicato* no tiene el derecho, por ejemplo, de cerrar un establecimiento, y todo miembro del *Sindicato* conserva hasta un cierto punto su independencia. En cambio, la dirección de un *Trust* tiene el derecho de cerrar una Empresa, de organizarla sobre otra base, de transferirla a otro sitio si ello conviene a todo el *Trust*. Naturalmente que el propietario de esta Empresa continúa gozando de sus ganancias; pero por encima de todo impera la estrecha y fuerte unión de los capitalistas, el *Trust*.

Los *Sindicatos* y los *Trusts* dominan casi por entero el mercado. Ellos no temen la concurrencia, porque la han suprimido previamente. En el puesto de la concurrencia han colocado al monopolio capitalista, esto es, el *dominio del Trust*.[1]

Con esto la concurrencia ha sido lentamente destruida por la concentración y centralización del capital. La concurrencia se devoró a sí misma. A medida que se acentuaba progresaba la centralización. Hasta que, finalmente, la concentración del capital, provocada por la concurrencia, mató a la concurrencia misma. *En lugar de la libre concurrencia apareció el dominio de las Asociaciones de monopolio, de las Sindicatos y de los Trusts*.

Basta citar algunos ejemplos para demostrar el enorme poder que tienen los *Trusts* y los *Sindicatos*. La parte que tuvieron los *Sindicatos* en la producción, en los Estados Unidos, en 1900, o sea al comienzo del siglo XX, fue la siguiente: en la industria textil más del 50%; en la del vidrio el 54%; en la del papel el 60%; en la metalúrgica el 1,84%; en la siderúrgica el 1,84%; en la química el 1,81%, etcétera. En el tiempo transcurrido este tanto por ciento ha aumentado considerablemente; de hecho *la producción total de América está concentrada en las manos de dos Trusts*: del *Trust* de la nafta y del *Trust* del acero. De estos dos *Trusts* dependen todos los demás. En 1913 en Alemania el 92,6% de la producción del carbón en la cuenca renana–westfaliana estaba en manos de un solo *Sindicato*: el *Sindicato* del acero producía casi la mitad del acero producido en todo el país, el *Trust* del azúcar producía el 70% del mercado interno y el 1,80% del externo, etcétera.

---

[1] La palabra «monopolio» se deriva del griego «monos» (uno, único) y «polis» (Estado, administración y poder).

Aun en la misma Rusia, una serie de industrias se encontraban bajo el dominio monopolizado de los Sindicatos. El Sindicato Produgol extraía el 60% de todo el carbón del Bonest; el Sindicato Prodameta agrupaba el 1,88%; la Krorolja el 60% de las láminas onduladas; la Pradvagon 14 de las 16 empresas de construcción; el Sindicato del azúcar la totalidad de la producción (100%). Según el cálculo de un economista suizo, ya en el principio del siglo XX la mitad de todos los capitales del mundo se encontraban en manos de los Sindicatos y de los *Trusts*.

Los *Sindicatos* y los *Trusts* no centralizan únicamente empresas de una sola industria. Cada vez con más frecuencia se forman *Trusts* que comprenden varias industrias. ¿Cómo sucede esto?

Todos los ramos de la producción están ligados por la compra y la venta. Tomemos, por ejemplo, la producción del hierro y la antracita. Aquí se trata de un producto que sirve a las fundiciones y a los establecimientos metalúrgicos como materia prima. Estos últimos construirán máquinas, que servirán a su vez a varios otros ramos de la industria. Supongamos un propietario de una fundición de hierro. Este necesita comprar hierro y carbón. Tiene, pues, interés en adquirir estos dos materiales a buen precio. ¿Pero cómo, si el hierro y el carbón se encuentran en manos de otro *Sindicato*? En tal caso se inicia entre los dos Sindicatos una lucha que termina, o con la victoria de un Sindicato sobre otro, o con la fusión de los dos. Tanto en un caso como en el otro, surge un nuevo *Sindicato* que abraza *dos ramos* de producción. De este modo se pueden unir, no solo dos, sino tres o diez industrias, etcétera. Las empresas de este género se llaman empresas *compuestas* o también *combinadas*.

No solo se realiza la fusión de varios ramos de la economía con la formación de empresas combinadas. Existe un fenómeno que es más importante que estas empresas combinadas. Se trata de la *dominación de los Bancos*.

Permítasenos hacer unas cuantas observaciones preliminares sobre los bancos. Vimos que desde que la concentración y centralización del capital alcanzó ya un alto grado de desarrollo, se hizo sentir la necesidad de fuertes capitales para la fundación de nuevas empresas. La organización de empresas nuevas requería cada vez mayores capitales.

Veamos ahora cómo emplea el capitalista su ganancia. Una parte la consume personalmente para su nutrición, casa, trajes, etcétera, y el resto la *acumula*. ¿De qué modo tiene lugar esta acumulación de la ganancia? ¿Es que puede en cualquier momento dado estar en condiciones de agrandar su hacienda? No, por la sencilla razón de que la ganancia la obtiene, aunque continuadamente, también de un modo gradual, a medida que es producida y vendida la mercancía. Pero el provecho tiene que llegar a una cantidad alta para que pueda ser empleada en el aumento del negocio. Hasta entonces el dinero no puede ser utilizado y yace inerte en las cajas de caudales. Y esto no le sucede solo a un capitalista, sino a todos. Existe siempre un *capital disponible*. Pero, como hemos visto antes, existe también una *demanda de capital*. Por un lado, hay siempre cantidades superfluas que permanecen inutilizadas, y, por otro, existe siempre una demanda de dinero.

Cuanto más de prisa se centraliza el capital, tanto mayor es la demanda de grandes capitales y tanto mayor es la cantidad disponible. Estos factores enumerados son los que precisamente *aumentan la importancia de los Bancos*. Para que este dinero no quede sin fruto, el industrial lo deposita en una Banca, y esta lo presta a los industriales que lo necesitan para el engrandecimiento de alguna hacienda antigua o para la fundación de una nueva. Con la ayuda de este capital los capitalistas extraen de la fuerza-trabajo nueva plusvalía, que les permite pagar los intereses de los préstamos recibidos de los bancos, los cuales restituyen una parte de tal cantidad a sus acreedores, mientras que se guardan el resto como ganancia bancaria. Este es el funcionamiento y el engranaje de los bancos. En los últimos tiempos la importancia y la actividad de los bancos ha crecido enormemente. Los bancos absorben cada día mayor capital y lo invierten en la industria. El capital bancario empleado en la industria se hace capital industrial. La industria viene a caer en la dependencia de los bancos, que la sostienen y la nutren con su capital. El capital bancario se funde con el capital industrial y se convierte en capital financiero.

El capital financiero une, por medio de los bancos, todas las ramas de la industria de un modo más conveniente que en las empresas combinadas.

Tomemos cualquier gran Banca. Esta apoya financieramente no solo una, sino muchas empresas y sindicatos. Tiene, por tanto, interés en que estas empresas no se combatan entre sí. La banca *las une*. La política de esta tiende continuamente a realizar la función de estas empresas en una organización única; la banca se convierte así en *la protectora de toda la industria*, de toda una serie de bancos industriales. Los fiduciarios de la banca son nombrados directores de *trusts*, sindicatos, etcétera.

Por último, nos encontramos en presencia de la siguiente situación: *toda la industria nacional está, unida en los sindicatos,* **trusts** *y empresas combinadas; el medio de unión son los bancos; a la cabeza de toda la vida económica está un pequeño grupo de grandes banqueros, que dominan toda la industria. El poder estatal es el ejecutor de la voluntad de estos financieros.*

Donde mejor se puede observar este fenómeno es en América. En los Estados Unidos el Gobierno «democrático» de Wilson no es otra cosa sino un servidor de los *trusts* americanos. El Parlamento solo vota las leyes que han sido aprobadas en los palacios de los grandes banqueros e industriales. Los *trusts* gastan sumas fabulosas para la corrupción de los diputados, para las campañas electorales, etcétera. Refiere un escritor americano (Myers) que en el 1904 se gastaron para esta corrupción 364 355 dólares por el *trust* «Mutual», 172 698 dólares por el «Equitable» y 204 019 dólares por el «New York». El yerno de Wilson, el ministro de Hacienda Mac Adu, es uno de los más grandes banqueros e industriales. Los diputados, senadores, ministros, son simples dependientes o socios de los grandes *trusts*. El poder de la «libre república» no es más que una organización para la explotación del pueblo.

En resumen, podemos afirmar que, bajo el reino del capital financiero, el país capitalista se transforma en un enorme *trust* combinado, a la cabeza del cual están los Bancos, y cuyo Comité Ejecutivo está representado por el poder estatal burgués. América, Inglaterra, Francia, etcétera, son *trusts capitalistas de Estado*, potentes organizaciones de los grandes banqueros y magnatarios industriales, que dominan y explotan millones de obreros, esclavos asalariados.

## 27. El capitalismo

El capital financiero elimina hasta cierto punto la anarquía de la producción capitalista en los países aislados. Aquí se le podría ocurrir a alguno preguntar: ¿En ese caso no se resuelve una de las antítesis fundamentales del capitalismo? ¿No hemos dicho que el capitalismo tiene que tener un fin por faltarle organización?

La verdad es que la anarquía de la producción y la concurrencia, en realidad, no son eliminadas del todo. Es decir, que eliminadas por una parte se presentan aún más acentuadas por otra. Ahora trataremos de explicar esto detalladamente.

El capitalismo actual es un capitalismo *mundial*. Todos los países dependen entre por sí por la compra y venta de las mercancías. No existe hoy ningún país que no esté sujeto al capital que produzca todo lo que necesita.

Una cantidad de productos solo pueden ser obtenidos en determinados países. Las naranjas no se dan en las tierras frías. El café, el cacao, el caucho, solo crecen en los países tropicales. El algodón se cultiva en los Estados Unidos, en Egipto, en la India y en el Turkestán, etcétera, donde lo exportan a todo el mundo. De carbón solo disponen Inglaterra, Alemania, los Estados Unidos, Checoslovaquia y Rusia. Italia, que no tiene carbón, depende en este respecto de Inglaterra y de Alemania. El grano se exporta de América, de la India, de Rusia y de Rumania, etcétera.

Además de esto, algunos países están más adelantados que los demás. Estos últimos se convierten en mercados para los productos industriales de aquellos. Los artículos de hierro y acero los proveen, sobre todo, los Estados Unidos, Inglaterra y Alemania; los productos químicos los exporta, sobre todo, Alemania.

De este modo, un país depende de otro. Hasta qué punto pueda llegar esta dependencia nos lo muestra el caso de Inglaterra, que tiene que importar de las 3/4 a los 4/5 del grano y la mitad de la carne que consume, y exportar la mayor parte de sus productos industriales.

¿Elimina el capital financiero la concurrencia en el mercado mundial? ¿Crea, acaso, el capital financiero, al *asociar los capitales en los países aislados*, una organización mundial? Ciertamente, no. Con la organización de los grandes empresarios en *trusts capitalistas–estatales*, la concurrencia y la anarquía de la producción es mal o bien eliminada; pero solo para dar lugar a una lucha aún más encarnizada entre los *mismos trusts capitalistas–estatales*. Este es un fenómeno característico de la centralización del capital: con la ruina de la pequeña industria disminuye el *número de concurrentes* y aparece, en lugar de la concurrencia de los distintos capitalistas, la lucha de los *trusts*. El número de estos últimos es muy inferior al de los capitalistas aislados; pero la lucha que sostienen es más encarnizada y destructora. Una vez que los capitalistas de un país han arruinado a todos los pequeños empresarios y se han unido en *un trust capitalista–estatal*, el número de los concurrentes se reduce aún más. Entonces se presentan como concurrentes las grandes potencias capitalistas. La lucha entre ellos tiene por consecuencia tales gastos y destrucciones como jamás se soñó. Porque la concurrencia de los *trusts* capitalistas se manifiesta en tiempo de paz en gastos para los armamentos y termina en la guerra *destructora*.

El capital financiero destruye la concurrencia en el seno de los Estados aislados; pero da lugar a una concurrencia despiadada entre los Estados.

¿Por qué razones la concurrencia de los Estados capitalistas tiene forzosamente que conducir a la *política de conquista, a la guerra*? ¿Por qué dicha concurrencia no puede desenvolverse de un modo pacífico? Dos fábricas que se hacen la competencia no se lanzan cuchillo en mano a degollarse mutuamente, sino buscan en una lucha pacífica el atraerse a los clientes. ¿Por qué entonces la concurrencia en el mercado mundial tiene que asumir una forma tan violenta y armada? Para explicarnos esto tenemos, ante todo, que examinar qué transformaciones haya debido sufrir la política de la burguesía al superar el antiguo capitalismo de la libre concurrencia con el nuevo, caracterizado por el dominio del capital financiero.

Empecemos con la llamada política aduanera. En la lucha entre los distintos países, el Poder estatal, que siempre defiende a sus capitalistas compatriotas, había encontrado ya hace mucho tiempo en las Aduanas un medio de lucha y defensa de su propia burguesía. Cuando, por ejemplo, los industriales textiles rusos temían que la concurrencia alemana o inglesa pudiera provocar una baja en los precios, el servicial Gobierno del país se apresuraba a gravar los tejidos ingleses o alemanes con un fuerte derecho de Aduana. Naturalmente que estos derechos de Aduana impedían la importación de mercancías extranjeras en Rusia. Los industriales declaraban que la Aduana era la *protección necesaria* a la industria nacional. Pero si examinamos la cosa de cerca, veremos que las razones son otras. ¿Es que no es raro que los propios países más poderosos, América el primero, hayan establecido Aduanas prohibitivas? ¿Se puede pensar que la competencia extranjera les hubiese perjudicado? Supongamos que la industria textil de un país esté monopolizada por un sindicato o un *trust*. ¿Qué consecuencias tiene la introducción del derecho de Aduana? En este caso los capitalistas matan dos pájaros de un tiro: en primer lugar, apartan la concurrencia extranjera, y en segundo lugar, pueden aumentar, sin riesgo alguno, los precios de las mercancías por el valor total del importe de la aduana. Supongamos que se aumente en un rublo la importación de un metro de tejido. En ese caso los capitalistas de la industria textil podrán aumentar el precio de su mercancía en un rublo o noventa kopecs, por lo menos. De no existir el sindicato la concurrencia entre los distintos capitalistas determinaría automáticamente un equilibrio de los precios. El sindicato puede, en cambio, aumentar sin más el precio: el extranjero está alejado por lo alto de la aduana, y la competencia interna ha sido eliminada de antemano. El Estado capitalista, mediante las aduanas, aumenta sus ingresos, y el sindicato, con el aumento de precios, obtiene una sobreganancia. Con esta sobreganancia, los barones del sindicato tienen la posibilidad de exportar sus mercancías y vender en el extranjero, con el solo fin de hacer daño a sus concurrentes en el extranjero. Así, por ejemplo, el Sindicato ruso del azúcar mantenía los precios en Rusia altos, mientras vendía en Inglaterra el azúcar a precios muy bajos, con la única intención de arruinar a los concurrentes. Esto llegó a tal extremo, que circulaba en Inglaterra el dicho «con azúcar rusa se ceban los cerdos». Las aduanas sirven, pues, a los barones de los sindicatos para que puedan robar con toda tranquilidad *a los propios connacionales y adueñarse de los compradores extranjeros*.

Todo esto trae graves consecuencias. Es evidente que la plusvalía, sacada por los barones del sindicato, aumenta con el número de los rebaños humanos que se dejan encerrar entre los confines de las barreras aduaneras. Si esta barrera encierra tan solo un territorio pequeño, la ganancia no será grande. Si, por el contrario, esta abarca un vasto territorio dotado de gran población, la ganancia realizable será grande y permitirá operar sobre el mercado con audacia y en la seguridad de un éxito seguro.

He aquí por qué la frontera aduanera coincide generalmente con los confines estatales. ¿Cómo se pueden agrandar estos últimos? ¿Cómo se puede arrebatar a otro país un pedazo de su territorio e *incorporarlo* al organismo estatal propio? ¡Con la guerra! Por esto el predominio de los capitalistas indicados va siempre unido a *guerras de conquista*. Todo Estado capitalista tiende al «alargar sus confines». Lo exigen así los barones de los sindicatos, los intereses del capital financiero. Pero alargar los confines significa en lenguaje llano hacer la guerra.

Es evidente que la política aduanera de los sindicatos y *trusts*, que está ligada a su política económica en el mercado mundial, lleva a los más violentos conflictos internacionales. Pero existen además otras causas concomitantes.

Vimos que el desarrollo de la producción trae la consecuencia de una continua acumulación de plusvalía. Por tanto, en todo país capitalista desarrollado aumenta continuamente el *capital sobrante*, por lo cual da un menor interés que un país económicamente atrasado. Cuanto más grande es en un país la cantidad de capital sobrante, tanto más fuerte se hace la tendencia a exportar el capital, a invertirlo en otro país. Dicha tendencia es grandemente favorecida por la política aduanera.

Las aduanas *impiden la importación de mercancías*. Cuándo los capitalistas rusos gravaron extraordinariamente las mercancías alemanas, los industriales alemanes no podían vender a Rusia. ¿Qué hicieron al verse privados de exportar a Rusia? Comenzar a exportar sus capitales a Rusia, donde construyeron fábricas y oficinas, adquirieron acciones de empresas rusas y fundaron otras nuevas. ¿Podían las aduanas impedir que hicieran esto?

Claro que no. Al contrario, en vez de impedirlo lo favorecían, por la sencillísima razón de que el capitalista alemán que poseía una fábrica en Rusia y, por tanto era miembro de algún sindicato, encontraba en las aduanas rusas un medio de embolsarse la sobreganancia. Las aduanas rusas le daban el medio de robar a los consumidores en compañía de sus colegas rusos.

El capital no se exporta de un país a otro únicamente para fundar o ayudar a empresas industriales. Muchas veces se presta a un Estado extranjero capital para recibir intereses (es decir, que el Estado que acepta un préstamo aumenta su *deuda pública* y se convierte en deudor de otro Estado). En estos casos el Estado deudor se compromete a hacer todos sus empréstitos (gastos de guerra) con los capitalistas del Estado acreedor. Con este procedimiento afluyen enormes capitales de un país a otro, donde se invierten parte en construcciones y empresas, y parte, en la deuda pública. Bajo el reino del capital financiero, la exportación del capital alcanza proporciones inmensas.

Como ejemplo vamos a aducir algunos datos, que hoy han sido superados, pero que aún pueden aportar alguna luz. En 1902 Francia poseía 35 mil millones de francos repartidos en 26 Estados, la mitad de ellos en empréstitos de Estado. La mayor parte de estos empréstitos había sido empleada en Rusia (diez mil millones). (El odio de la burguesía francesa contra la Rusia de los Soviets se explica con el hecho de que la Rusia de los Soviets no reconoce las deudas del Gobierno zarista y se niega a pagar a los usureros franceses). En 1905 el total del capital exportado llegaba a cuarenta mil millones.

La exportación del capital es de una gran importancia política. Las grandes potencias luchan por la supremacía en los países en los que se proponen colocar sus capitales. Aquí hace falta tener en cuenta que los capitalistas que invierten sus capitales en un país extranjero, ya no arriesgan una partida de mercancías, sino cantidades enormes, que ascienden a millones y miles de millones. Es, pues, natural que esto suscite en ellos el deseo de tener sujetos por completo a los pequeños países deudores, teniendo como salvaguardia de sus capitales a los ejércitos. Los Estados acreedores tienden a anexionar estos países al propio Poder estatal, a *conquistarlos*. Los diversos grandes Estados de rapiña atacan a los pequeños países y es natural que allí choquen los concurrentes (como ha sucedido). Por tanto, también la exportación de capitales conduce a la guerra.

Con el establecimiento de aduanas protectoras se recrudece enormemente la lucha por la posesión de los mercados. Al comenzar el siglo XX ya no existían países libres adonde exportar mercancías o capitales. Los precios de las materias primas, como los metales, la lana, la madera, el carbón, el algodón, etcétera, aumentaban.

En los últimos años antes de la guerra se había iniciado la caza de nuevas *fuentes de materias primas*. Los capitalistas de todo el mundo se desvivían por encontrar nuevas minas y nuevos mercados para exportar los productos propios y explotar a nuevos consumidores. En otras épocas, los distintos países se hacían en un país determinado la concurrencia «pacíficamente». Con el dominio de los bancos y de los *trusts* las cosas han cambiado de aspecto. Supongamos que se han descubierto nuevos yacimientos de cobre. Inmediatamente aparecerá una banca o un *trust* que se apoderará de esta nueva riqueza y establecerá su dominio monopolístico. A los capitalistas de otros países no les queda otro recurso que lamentarse con el viejo proverbio ruso: «Lo que se cae del carro se pierde para siempre». Lo mismo pasa no solo para las materias primas, sino también para los mercados. Supongamos que penetre capital extranjero en una colonia lejana. En seguida se organiza la venta en gran escala de mercancías. Generalmente hay alguna gran casa que toma la iniciativa, disemina en todo el país sus sucursales y busca, con el apoyo del poder local o valiéndose de otras mil intrigas, monopolizar todo el comercio, alejando a sus competidores. Es claro que el capital monopolista, los *trusts* y los sindicatos tienen que operar en gran escala. Los buenos tiempos antiguos ya han pasado, y hoy las luchas son las de los bandidos monopolistas por la conquista de los grandes mercados mundiales.

*El desarrollo del capital financiero debía necesariamente recrudecer la lucha por la conquista de los mercados y de las fuentes de materias primas y conducir a los conflictos más violentos.*

En el último cuarto del siglo XIX, los grandes Estados se apoderaron de muchos pequeños países. De 1876 a 1914, las llamadas «grandes potencias» se han anexionado cerca de 25 millones de kilómetros cuadrados. La superficie de los territorios que robaron supera al doble de la extensión del continente europeo. Los grandes bandidos se han dividido el mundo entre sí; han transformado todos los países en colonias suyas, en países tributarios y esclavizados.

He aquí algunos ejemplos: Inglaterra, a partir de 1870, conquistó en Asia: Beluchistán, Birmania, Chipre, Borneo septentrional y algunos territorios cerca de Hong Kong, agrandó sus «Araits Settlements», anexionó la península del Sinaí, etcétera. Australia se apoderó de una serie de islas, de la parte oriental de Nueva Guinea, de gran parte de la isla de Salomón, de la de Tongo, etcétera. En África extendió su dominio sobre Egipto, el Sudán con Uganda, el África oriental, la Somalia británica, Zanzíbar, Pemba, conquistando además las dos Repúblicas del Transvaal, la Rhodesia, el África central británica, etcétera.

Francia, desde 1870, sojuzgó a Aunis, conquistó Tonkin, se anexionó Laos, Túnez, Madagascar, los vastos territorios del Sahara, el Sudán y la Guinea; adquirió territorios en la costa del Marfil, Dahomey, Somalia francesa, etcétera. La superficie de las colonias francesas al principio del siglo XX equivalía a veinte veces la de Francia. Las colonias inglesas son cien veces mayores que la «madre patria».

Alemania participó desde 1884 en todas las empresas de bandidaje, y logró en este breve tiempo conquistar vastos territorios. También Rusia zarista llevó una política de conquistas, especialmente en Asia, que provocó un conflicto con el Japón. Los Estados Unidos se adueñaron de numerosas islas en las cercanías de la costa americana para después extender su política de rapiña sobre la Tierra Firme. Particularmente infame es su política en México.

Estas bandas de bandidos primero se dirigieron a los pequeños países inermes y débiles, que fueron los primeros en perder la independencia. Así como en la lucha entre industriales y artesanos debían sucumbir estos últimos, así también los pequeños Estados fueron aniquilados por los grandes *trusts* estatales, realizándose de este modo la centralización del capital en la economía mundial. Los pequeños Estados se arruinaron o perdieron su independencia, mientras los grandes Estados bandoleros se enriquecieron y aumentaron su extensión y potencia.

Una vez que terminaron de despojar al mundo entero, se acentuó la lucha entre ellos. Desde ese momento tenía que venir una gran lucha por el reparto del mundo, una lucha a vida o a muerte, en que solo tomarían parte las grandes potencias dueñas del mundo.

*La política de conquista, que conduce al capitalismo financiero en su lucha por los mercados, por las fuentes de materias primas y de territorios donde pueda emplear el capital y sus reservas, se llama imperialismo.* El imperialismo es hijo del capital financiero. Así como los tigres no pueden nutrirse con hierba, del mismo modo el capital financiero no podía, ni puede llevar otra política que no sea la de la conquista, la rapiña, la violencia y la guerra. Cada uno de los *trusts* capitalistas–financieros pretende conquistar todo el mundo, fundar un imperio mundial en el que dominase un pequeño número de capitalistas de la nación vencedora.

El imperialismo inglés sueña con «una Inglatera más grande», que dominaría el mundo entero y en la que los dueños de los *trusts* ingleses tendrían bajo su férula negros y rusos, alemanes y chinos, indios y armenios; en una palabra, millones de esclavos blancos, negros, amarillos y rojos. Inglaterra se puede decir que casi ha llegado a este punto. Comiendo le crece el apetito. Lo mismo les pasa a los demás imperialistas. Los imperialistas rusos sueñan con «una gran Rusia»; los alemanes, con «una gran Alemania», etcétera.

Es cosa axiomática que de este modo el dominio del capital financiero tenía que lanzar a la humanidad entera a guerras sangrientas en provecho de los banqueros y de los grandes *trusts, guerras* que no se hacían en defensa del *país propio,* sino por la conquista de países extraños, para sojuzgar el mundo al capital financiero del país vencedor. Una de estas guerras fue la guerra mundial de 1914-1918.

## 28. El militarismo

El dominio del capital financiero, de los banqueros y de los grandes *trusts* se manifiesta además en otro fenómeno notabilísimo: en el aumento continuo de los gastos para armamentos para el Ejército y la Marina. Esto es bien comprensible. Antes ningún bandido hubiera soñado con un dominio mundial. Pero hoy los imperialistas esperan poder realizar su sueño y, por tanto, es muy natural que hagan todos los esfuerzos para estar preparados para esta lucha. Las grandes potencias roban continuamente tierras a los pequeños países, y tienen que estar alerta con el objeto de que cualquier vecino, animal de rapiña también, no les ataque. De aquí nace la necesidad para toda gran potencia de mantener un fuerte ejército, no solo para las colonias y para tener sujetos a los obreros, sino también para la lucha contra los camaradas en bandidaje. Toda innovación que introducía una potencia en el campo militar suscitaba en las demás el deseo de superarla para no llevar la peor parte. De esta incitación recíproca surgió la locura de los armamentos, que, a su vez, dio origen a empresas gigantescas y a *trusts* de magnatarios de cañones: los Putilov, Krupp, Armstrong Wikers, etcétera. Estos *trusts* de los cañones, que obtienen ganancias enormes, están en íntima relación con los Estados Mayores de los diversos países y buscan por todos los modos el echar leña al fuego para provocar siempre nuevos conflictos, porque las ganancias de ellos dependen de la guerra.

Los *trusts* se rodearon de una selva de bayonetas. Todo estaba preparado para la lucha mundial. Los gastos para el ejército y la flota aumentaban cada año más en los presupuestos de todos los Estados. En Inglaterra, por ejemplo, los gastos para el ejército y la flota constituían en 1875 el 38,6%, o sea más de un tercio, y en el 1907-1908, el 48,8%, o sea casi la mitad de los gastos generales. En los Estados Unidos los gastos de armamentos constituían el 56,9%. Lo mismo ocurría en los otros países. El «militarismo prusiano» florecía en todos los grandes *trusts* estatales. Los magnates de los cañones incitaban a los rebaños, y todo el mundo iba velozmente al encuentro de la más tremenda de todas las guerras, a la carnicería mundial.

Es particularmente interesante la lucha de armamentos entre la burguesía inglesa y la alemana. Inglaterra tomó el acuerdo en 1912 de construir tres *dreadnought*s (acorazados) por cada dos que construyese Alemania.

Los gastos para el Ejército y la Marina crecieron en los diversos Estados de la siguiente manera:

|  | Millones de rublos | |
|---|---|---|
|  | En 1888 | En 1908 |
| Rusia | 210 | 470 |
| Francia | 300 | 415 |
| Alemania | 180 | 405 |

| Austria-Hungría | 100 | 200 |
| --- | --- | --- |
| Italia | 75 | 120 |
| Inglaterra | 150 | 280 |
| Japón | 7 | 90 |
| Estados Unidos | 100 | 200 |

En el transcurso de veinte años los gastos aumentaron en el doble y en el Japón, nada menos que trece veces. Inmediatamente antes de la guerra, la fiebre de los armamentos degeneró en frenesí. Francia gastó en 1910, 502 millones de rublos para armamentos, y en 1914, 740 millones de rublos. Alemania, en 1906, gastó 478 millones de rublos, y en 1914, 943 millones de rublos, es decir, el doble en ocho años. En una forma mayor aún se armaba Inglaterra. En 1900 gastó para armamentos 499 millones de rublos; en 1910, 694 millones, y en 1914, 804 millones. En 1913 Inglaterra sola gastó para su flota más que en 1886 todos los Estados juntos. Los gastos militares de la Rusia zarista ascendían en 1892 a 293 millones de rublos; en 1902, a 421 millones; en 1906, a 529 millones, y en 1914, a 975 millones.

Estos gastos absorbían gran parte de los impuestos. Rusia, por ejemplo, empleaba en su ejército más de un tercio de su presupuesto.

De cada 100 rublos se destinaban en la Rusia zarista:

| | Rublos |
| --- | --- |
| Para el Ejército, la flota y pago de los intereses de los empréstitos | 40,14 |
| Para la Instrucción pública (la treceava parte) | 2,86 |

| | |
|---|---|
| Para la Agricultura (la décima parte) | 4,06 |
| Para la Administración, la Justicia, la Diplomacia, el Comercio, la Industria, la Hacienda, etcétera | 52,94 |
| Total | 100,00 |

Lo mismo vemos en los demás Estados. Tomemos el ejemplo de la «democrática Inglaterra». En 1904 se gastaron de cada cien rublos:

| | Rublos |
|---|---|
| Para el Ejército, la flota | 53,80 |
| Para el pago de los intereses de los empréstitos y la amortización de la deuda pública | 22,50 |
| *Total de gastos de guerra* | 76,30 |
| Para los servicios públicos | 23,70 |
| Total | 100,00 |

## 29. La guerra imperialista en los años 1914-1918

La política imperialista de las grandes potencias debía, tarde o temprano, llevar a un conflicto. Es evidente que los orígenes de la guerra mundial hay que buscarlos en la política de bandidaje de *todas* las grandes potencias.

Solo un loco puede todavía creer que la guerra se desencadenó porque los serbios mataron al príncipe heredero austríaco o porque Alemania agredió a Bélgica. Al comienzo de las hostilidades se discutió mucho el problema de quién tuvo la culpa de que se declarara. Los capitalistas alemanes sostenían que Alemania había sido atacada por Rusia, y los capitalistas rusos atronaban los espacios diciendo que Rusia había sido agredida por Alemania. Inglaterra pretendía que iba a la guerra en defensa de la pequeña Bélgica. También Francia se alababa de combatir del modo más desinteresado y generoso por el heroico pueblo belga, Y Alemania y Austria decían luchar por tener lejos de sus confines las hordas de cosacos...

Todo esto no era más que una solemne *mentira* y un *engaño a las masas trabajadoras*. La burguesía tenía que recurrir a este engaño para empujar a sus soldados a la matanza. No fue la primera vez que la burguesía se sirvió de este medio. Ya hemos visto antes cómo los barones de los grandes *trusts* establecían aduanas altas para poder llevar, mediante la explotación de los propios connacionales, en condiciones de privilegio la lucha por los mercados extranjeros. Las aduanas eran, por tanto, un medio *ofensivo*. Pero la burguesía hacía protestas de *defender* a «la industria nacional». Lo mismo pasó con la guerra. La naturaleza de la guerra imperialista, que serviría para esclavizar el mundo bajo el dominio del capital financiero, consistía precisamente en el hecho de que *todos eran agresores*. Hoy estas cosas están ya fuera de duda. Los lacayos del zar afirmaban que estaban a la «defensiva». Pero cuando la Revolución de Octubre abrió los cajones secretos de los Ministerios, se pudo comprobar, con la base de documentos, que lo mismo el zar que el señor Kerenski hacían la guerra, de acuerdo con los ingleses y franceses, para anexionarse Constantinopla, despedazar a Turquía y Persia y arrancar a Austria la Galitzia.

*Los imperialistas alemanes* también han sido desenmascarados. Basta recordar la paz de Brest-Litovsk, las invasiones alemanes en Polonia, en Ucrania, en Lituania y en Finlandia. También la Revolución Alemana ha revelado documentos que muestran que Alemania había entrado en la guerra con intenciones anexionistas, con la esperanza de poder conquistar nuevos territorios y nuevas colonias.

¿Y nuestros generosos aliados? También han sido desenmascarados. Después de haber estrangulado a Alemania con la paz de Versalles, después de haberle impuesto 125 000 millones de indemnización, después de haberle quitado toda la flota, todas las colonias, casi todas las locomotoras, nadie creerá ya en la generosidad de ellos. También han expoliado a Rusia del Norte y del Sur. ¿Quién duda hoy de que han hecho una guerra de rapiña?

Los comunistas (bolcheviques) predijeron todo esto antes de la guerra. Pero si entonces solo pocos les creyeron, ahora no hay ninguna persona sensata que se atreva a dudar que el capital financiero es un bandido rapaz y sanguinario, sea cual sea su origen, ya ruso, alemán, francés, japonés o americano.

Resulta, pues, ridículo sostener que en una guerra imperialista uno de los imperialistas sea culpable y el otro no, o que de estos dos imperialistas uno es el agresor y el otro está a la defensiva. Todo esto se ha dicho para ofuscar el cerebro de los obreros. En realidad, todos *agredieron* primero a los pequeños pueblos coloniales, todos pensaron en conquistar el mundo entero y esclavizarlo después en provecho del capital financiero del propio país.

Esta guerra tenía que convertirse en una *guerra mundial*. Casi todo el mundo estaba dividido entre las grandes potencias, ligados entre sí por una economía común. No tiene por esto nada de extraño que la guerra asolara casi todas las partes del mundo.

Inglaterra, Francia, Italia, Bélgica, Rusia, Alemania, Austria-Hungría, Servia, Bulgaria, Rumania, Montenegro, Japón, América, China y una docena de otros pequeños Estados tomaron parte en la lucha criminal. Los mil quinientos millones de hombres que pueblan la tierra tuvieron directa o indirectamente que sufrir las dolorosas consecuencias de la guerra, que un pequeño grupo de delincuentes capitalistas les había impuesto. Jamás había visto el mundo ejércitos tan gigantescos como los que toman parte en los campos de batalla, ni armas tan destructoras. Los capitalistas ingleses y franceses no solo obligaron a los propios compatriotas a dejarse matar por sus intereses, sino también a los pueblos coloniales. Los criminales directores no sintieron ningún escrúpulo en emplear caníbales para sus fines de dominación y explotación. Y todo esto iba enmascarado con las ideologías más nobles.

La guerra de 1914 tuvo sus precedentes en las guerras coloniales, como la campaña de las potencias «civiles» contra la China, la guerra américa-española, la guerra ruso-japonesa de 1904 (por la posesión de Corea, de Puerto Arturo, de la Manchuria), la guerra italo-turca de 1911, la guerra del Transvaal al principio del siglo XX, en la que la democrática Inglaterra estranguló dos repúblicas boers. Hubo una serie de situaciones internacionales que amenazaron en convertirse en una guerra internacional. El reparto de África por poco no provoca una guerra entre Francia e Inglaterra (episodio de Fascioda), después entre Francia y Alemania (por Marruecos).

Ya al principio de la guerra mundial se delinearon netamente las antítesis entre Inglaterra y Alemania por la supremacía en África, en Asia Menor y en los Balcanes. Las contingencias políticas determinaron la alianza de Inglaterra y Francia, que pretendía quitar a Alemania la Alsacia y la Lorena, y con Rusia, cuyos intereses estaban en los Balcanes y en Galitzia. El imperialismo alemán encontró su aliado principal en Austria-Hungría. El imperialismo americano intervino solo más tarde porque especulaba con la debilidad de las potencias europeas.

Las potencias imperialistas se sirven para sus sucios fines, además del militarismo, de la *diplomacia secreta*, que opera con Tratados secretos e intrigas, sin rechazar el uso de asesinatos, atentados, etcétera. Los verdaderos propósitos de la guerra imperialista constaban, precisamente, en estos Tratados secretos, estipulados entre Inglaterra, Francia y Rusia de una parte, y entre Alemania, Austria, Turquía y Bulgaria de la otra. El asesinato del príncipe heredero de Austria no se realizaría sin conocimiento de la diplomacia de la Entente. Pero tampoco la diplomacia alemana se durmió. Un imperialista alemán escribía: «Tenemos que considerar como una verdadera fortuna que la gran conjura antialemana se haya desencadenado a raíz del asesinato del príncipe heredero austríaco. Dos años más tarde la guerra hubiera sido mucho más difícil para nosotros». Los imperialistas alemanes habrían sido capaces de sacrificar un príncipe alemán con tal de provocar la guerra.

## 30. El capitalismo de Estado y las clases

El método de guerra imperialista no se distingue solo por sus dimensiones y las destrucciones, sino también por el hecho de que la *totalidad de la economía* de los países beligerantes queda *subordinada a los intereses de guerra*. En otros tiempos bastaba tener dinero para poder hacer una guerra. Pero la guerra mundial ha sido tan enorme y fue hecha por países tan adelantados, que el dinero solo no podía bastar. Esta guerra exigía que las fábricas metalúrgicas construyeran únicamente armas y municiones, y que todos los productos, metales, tejidos, pieles, sirvieran solo para las necesidades de los ejércitos. Por eso es natural que esperarse tener la victoria final aquel *trust* capitalista–estatal, en el cual la industria y los medios de transporte estuvieren mejor adaptados a las exigencias de la guerra. ¿Cómo era posible obtener esto? *Únicamente con la centralización de toda la producción*. La producción debía desenvolverse sin obstáculos, estar bien organizada y bajo la dirección inmediata del mando supremo.

Para alcanzar este fin la burguesía empleó un medio muy sencillo: poner la producción privada y los sindicatos y *trusts* privados a disposición del *estado de bandidaje burgués*.

Esto fue lo que sucedió durante la guerra. La industria fue movilizada y militarizada, o sea puesta a disposición del Estado y de la autoridad militar. ¿Cómo, podría objetar cualquiera, no pierde en tal caso la burguesía sus ganancias? ¿No es esto una nacionalización de los medios de producción? ¿Si toda la producción la toma el Estado en sus manos, qué gana entonces la burguesía? Sin embargo, la burguesía aceptó de buen grado las nuevas condiciones; cosa que no tiene que admirarnos, porque los sindicatos privados entregaron todo eso al propio Estado capitalista de ellos, no al Estado obrero. ¿Por qué se tenía la burguesía que asustar de eso?

Es necesario no olvidar el carácter clasista del Estado. El Estado no es una «tercera potencia» que está fuera y por encima de las clases, sino una organización clasista por excelencia. Bajo la dictadura de la clase obrera es una organización de los obreros; bajo el dominio de la burguesía es una *organización de capitalistas*, como un *trust* o un sindicato.

Por esta razón, la burguesía nada perdió cuando cedió la gestión de los sindicatos privados al Estado (no al proletariado, sino al capitalista).

Poco importa al industrial el retirar sus ganancias de la Caja del Sindicato o de la del Estado. Con ello ganó la burguesía. Ganó por la simple razón de que con dicha centralización, la máquina guerrera funcionaba mejor y hacía más probable la victoria.

Por eso no hay que sorprenderse de que durante la guerra, en vez de los sindicatos privados, se desarrollara el capitalismo de Estado. Alemania, por ejemplo, no hubiera podido conseguir tantas victorias y resistir tanto tiempo la presión de fuerzas preponderantes si su burguesía no hubiera sabido organizar el capitalismo de Estado de modo casi genial.

El paso al capitalismo de Estado se verificó de varias formas. Las formas más frecuentes fueron *los monopolios de Estado* en la producción y en el comercio; es decir, que la producción y el comercio *en su totalidad* pasó a manos del Estado.

Otras veces este tránsito no se hizo de un golpe, sino gradualmente, por cuanto que el Estado adquirió solo una parte de las acciones de un sindicato o un *trust*. Una empresa de este género era mitad estatal y mitad privada, realizando en ella el Estado burgués su política. A las empresas que permanecían propiedad privada el Estado les imponía órdenes coercitivas, obligando, por ejemplo, a determinadas empresas a proveerse de tales abastecedores; a estos a vender solo determinadas cantidades y a determinados precios; el Estado prescribía métodos preestablecidos de trabajo, materiales fijos, y racionaba todos los productos más importantes. Así se desarrolló en lugar del capitalismo privado el *estatal*.

Bajo el dominio del capitalismo de Estado las organizaciones independientes de la burguesía fueron sustituidas por su organización unitaria, el Estado. Antes de la guerra existían en los Estados capitalistas las organizaciones estatales burguesas, e independientemente de ellas se organizaban los Sindicatos, los *Trusts*, las Asociaciones de empresarios y latifundistas, los partidos políticos burgueses, las organizaciones de periodistas, de científicos, de artistas, las Sociedades religiosas, las organizaciones juveniles burguesas, las oficinas de detectives privados, etcétera. En el capitalismo de Estado todas esas organizaciones independientes se funden con el Estado burgués, se convierten en sucursales de él, siguen sus planes y se subordinan a «su mando supremo». En las fábricas y en las minas se ejecutan las órdenes del Estado Mayor; los periódicos publican lo que quiere el Estado Mayor; en las iglesias se predica lo que manda el Esta-do Mayor; se pinta, se compone, se canta lo que manda el Estado Mayor; se inventan cañones, proyectiles y gases que hacen falta al Estado Mayor. De esta manera toda la vida queda militarizada *para asegurar a la burguesía la ganancia de su sangriento mercado*.

El capitalismo de Estado significa un formidable refuerzo para la gran burguesía. Análogamente a la dictadura proletaria, que es tanto más fuerte cuanto más íntima es la colaboración entre el poder de los Soviets, los Sindicatos, el Partido Comunista, etcétera, también la dictadura burguesa es tanto más poderosa cuanto más estrechamente están ligadas todas las organizaciones burguesas. El capitalismo de Estado, centralizando las organizaciones burguesas y transformándolas en elementos de un único organismo integral, confiere al capital una potencia enorme. Aquí es donde la dictadura burguesa canta y celebra su triunfo.

El capitalismo de Estado nació durante la guerra en todos los países capitalistas. Hasta en la Rusia zarista empezaba a desarro-llarse (Comités de industria de guerra, monopolios, etcétera). Más tarde, la burguesía, intimidada por la revolución, comenzó a temer que con el poder estatal, pudiera también la *producción* pasar a manos del proletariado. Después de la Revolución de Febrero impidió la organización de la producción.

Vemos que el capitalismo de Estado, en vez de eliminar la explotación, refuerza extraordinariamente el poder de la burguesía. A pesar de esto, los Scheidemann en Alemania y los socialpatriotas de los otros países tuvieron la audacia de llamar a estos trabajos forzados *socialismo*. Cuando todos los medios de producción se encuentren en posesión del Estado, el socialismo se habrá realizado. No comprenden que se tiene que tratar de un Estado proletario, pero no de una organización en la que todo el aparato estatal se encuentra en manos de los enemigos y los asesinos del proletariado.

El capitalismo de Estado, que al unir y organizar a la burguesía aumenta el poder de esta, por el contrario, debilita la fuerza de la *clase obrera*. Los obreros, bajo el capitalismo de Estado, se convirtieron en los esclavos del Estado opresor. Se les privó del derecho de huelga, se les movilizó y militarizó. El que se declaraba contrario a la guerra era condenado por alta traición. En muchos países los obreros perdieron el derecho de libre elección de trabajo y del lugar de residencia. El «libre» proletario asalariado se convirtió en propiedad del Estado, se le obligó a dejarse matar en los campos de batalla, no por la propia causa, sino por la de sus enemigos, o a extenuarse por el trabajo, no en su interés, sino en el de sus explotadores.

## 31. El derrumbamiento del capitalismo y la clase obrera

La guerra aceleró la centralización y organización de la economía capitalista. Lo que no habían podido realizar los sindicatos, los *trusts* y las empresas combinadas, trató de hacerlo a toda prisa el capitalismo de Estado, creando una vasta serie de redes de varios organismos destinados a regular la producción y la distribución, preparando así el terreno sobre el cual el proletariado podrá iniciar la gran producción centralizada.

Pero la guerra, que gravaba todo su peso sobre la clase obrera, tenía inevitablemente que provocar la desesperación de las *masas proletarias*. En primer lugar, porque la guerra hizo una carnicería sin precedentes en la historia. Según las distintas estadísticas, el número de muertos se calculaba en ocho millones el 1ro. de enero de 1918. A esto hay que añadir algunos millones de mutilados y heridos. La sífilis, que se propagó enormemente durante la guerra, ha infectado a la humanidad entera. En general, el estado físico ha empeorado notablemente después de la guerra. Naturalmente los mayores males los ha sufrido la clase obrera y campesina.

En los grandes centros de los Estados beligerantes se han formado pequeñas colonias de mutilados de guerra, donde estos desgraciados, en gran parte horriblemente deformados, son un testimonio viviente de la civilización burguesa.

Pero al proletariado no se ha hecho víctima solo de esa infame carnicería. Ahora se pretende cargar sobre las espaldas de los supervivientes el peso enorme de las deudas de guerra. Mientras los capitalistas gozan tranquilamente de las sobreganancias, la clase obrera tiene que soportar los gravosos impuestos para cubrir los gastos de guerra. El ministro de Hacienda francés declaró en la Conferencia de la paz, en 1919, que los gastos de guerra, comprendidos todos los Estados, ascendían a un *trillón de francos*. No todos pueden darse cuenta de la magnitud de esta cifra. En otros tiempos, con estas cifras se calculaban las distancias entre las estrellas; hoy sirven para calcular los gastos de la matanza infame. Un trillón está formado por un millón de billones. Según otros cálculos, los gastos de guerra se fueron presentando del siguiente modo:

|  | Billones de rublos[2] |
|---|---|
| Primer año de guerra | 91 |
| Segundo año de guerra | 136,50 |
| Tercer año de guerra | 204,70 |
| Primera mitad del cuarto año de guerra (31 de diciembre a 31 de julio de 1917) | 153,50 |
| Total | 585,70 |

Después aún se aumentaron más los gastos. Por esto nada tiene de extraño que los Estados capitalistas comiencen a echar sobre la clase obrera enormes impuestos, ya directos o indirectos, haciendo de esta forma subir los precios de los géneros de primera necesidad. La carestía adquiere proporciones desastrosas, mientras que los industriales, y en especial los que trabajaron para abastecer la guerra, disfrutan sus ganancias fabulosas.

Los industriales rusos aumentaron sus dividendos en más de la mitad. Algunos, en cambio, se repartieron dividendos fabulosos. Ved algunos ejemplos: la Sociedad de la nafta Mirsojeff hermanos distribuyó un dividendo del 40%; la Sociedad Daniscevski hermanos, el 30%; la fábrica de tabacos Kalfa, el 30%; etcétera. En Alemania, las ganancias netas de cuatro Bancas industriales (la química, la metalúrgica, la automovilista y la de los explosivos) llegaron en 1912-1914 a 133 millones; en los años 1915-1916, a 259 millones, o sea que aumentaron el doble en el espacio de un año. En los Estados Unidos, la ganancia del *trust* del acero aumentó en un *triple* de 1915 a 1916.

---

[2] El rublo valía en los años anteriores a la guerra cerca de tres pesetas cincuenta céntimos.

De 1915 a 1917 las ganancias subieron de 98 millones de dólares a 478 millones. Se llegaron a cobrar dividendos al 200%. En la misma medida fabulosa aumentaron las ganancias de los Bancos.

Durante la guerra se produjo ante todo cañones, proyectiles, navíos de guerra, aeroplanos, gases asfixiantes y otros útiles homicidas. En los Estados Unidos, en torno a las fábricas de explosivos, surgieron ciudades enteras. Estas fábricas fueron construidas a toda prisa y sin las indispensables garantías de seguridad, llegándose a producir explosiones catastróficas. Naturalmente que los propietarios de estas fábricas obtuvieron pingües ganancias. Pero la situación del pueblo empeoró cada vez más, a consecuencia de que los géneros de primera necesidad cada vez eran más caros. Con los cañones y los proyectiles se podía matar, pero no se podía alimentar y vestir al pueblo. Todas las energías productivas estaban entretenidas en la producción de máquinas y útiles asesinos. La producción útil normal disminuía vertiginosamente. La mano de obra casi toda estaba absorbida en el ejército, y la totalidad de la industria trabajaba para las necesidades de la guerra. La escasa producción de mercancías útiles determinó *el hambre y la carestía*. Las consecuencias de la guerra imperialista son la falta de carbón y de todos los géneros de primera necesidad.

Pueden verse los ejemplos de varios países:

En Francia la producción agrícola disminuyó en los primeros años de la guerra con arreglo al siguiente cuadro:

|  | Quintales | |
|---|---|---|
|  | 1914 | 1916 |
| Cereales | 42 272 500 | 15 300 000 |
| Patatas, legumbres, etcétera | 46 639 000 | 15 260 000 |
| Plantas industriales | 59 429 000 | 20 448 000 |

En Inglaterra disminuyó la extracción de minerales en la siguiente medida:

| Hacia fines de 1912 | 241 000 toneladas |
|---|---|
| Hacia fines de 1913 | 138 000 toneladas |
| Hacia fines de 1914 | 108 000 toneladas |
| Hacia fines de 1915 | 113 000 toneladas |
| Hacia fines de 1916 | 3 000 toneladas |
| Hacia fines de 1917 | 600 toneladas |

En *Alemania* la producción de mineral de hierro era en 1913 de 19,3 millones de toneladas; en 1916, solo 13,3 millones; en 1917, 16,1 millones; en 1918, 12 millones, y en 1919, aún menos.

Toda la industria mundial se encontró en la situación más desesperada por la falta de carbón. El principal proveedor de carbón en Europa era Inglaterra. Pues bien: la producción de carbón en Inglaterra ya en 1915 disminuyó el 13%. Las industrias más importantes para la vida económica en 1917 estaban casi desprovistas de carbón; las fábricas de electricidad recibían la sexta parte de la cantidad de carbón necesario y la industria textil la undécima parte. Durante el período de la Conferencia de Versalles casi todos los países atravesaban una crisis terrible de combustible; las fábricas tenían que cerrarse y los transportes limitarse. En Rusia se verificó el mismo proceso. Ya en 1917 la producción de carbón se realizaba en pésimas condiciones. El distrito industrial de Moscú necesitaba 12 millones de *puds*[3] al mes. El Gobierno de Kerenski prometió asegurar seis millones al mes; pero en realidad lo que hubo fue: en enero, 1,8 millones de *puds*; en febrero, 1,3 millones de *puds*, y en marzo, 0,8. La consecuencia natural de este estado de cosas fue la decadencia de la industria rusa. En Rusia, cómo en todo el mundo, *dio comienzo el proceso de disolución del capitalismo.*

En 1917 (Gobierno Kerenski) tuvo lugar la clausura de las siguientes fábricas:

|  | Número de empresas | Número de obreros |
|---|---|---|
| Marzo | 74 | 6 946 |
| Abril | 55 | 2 916 |
| Mayo | 108 | 8 701 |
| Junio | 125 | 38 455 |
| Julio | 206 | 47 754 |

La catástrofe progresaba a pasos gigantescos. Para hacerse una idea de la carestía de la vida provocada por la falta de productos y por la circulación de una enorme cantidad de papel–moneda, basta echar una ojeada sobre el país que ha sufrido menos con la guerra, Inglaterra. Los precios de los cinco alimentos más importantes (azúcar, manteca, té, pan y carne) eran los siguientes:

|  | Té, azúcar | Pan, carne y manteca |
|---|---|---|
| 1901 | 500 | 300 |
| Fines julio 1914 | 579 | 350 |
| Fines enero 1915 | 789 | 412 |
| Fines enero 1916 | 946,5 | 465 |
| Fines enero 1917 | 1 310 | 561 |
| Fines enero 1918 | 1 221,5 | 681 |

---

[3] Un pud. kg. 16, 389.

| Fines mayo 1919 | 1 247 | 777,5 |

Aun en la misma Inglaterra aumentaron los precios más del doble, mientras los salarios aumentaron solo el 18%. Por tanto, los precios de las mercancías aumentaron *seis veces más aprisa que los salarios*. En Rusia eran las condiciones particularmente desastrosas, pues la guerra había devastado el país. En la misma América, que tan poco había sufrido con la guerra, los precios de los quince géneros más importantes subieron de 1913 a 1918 el 180%, mientras que los jornales aumentaron solo el 0,80%.

Hasta la industria de guerra llegó a la ruina por falta de carbón y acero y otros materiales. Todos los países del mundo, a excepción de América, se empobrecieron por completo. El hambre, el frío y la destrucción, hicieron su marcha triunfal por todo el mundo. La clase obrera, la más castigada por este desastre, trató de rebelarse contra tantas iniquidades; pero el Estado burgués se echó sobre ella con todo el peso de su aparato militar. La clase obrera fue en todos los países —lo mismo en los monárquicos como en los republicanos— sañudamente perseguida. Se privó a los obreros del derecho de huelga, y el más pequeño acto de protesta era duramente reprimido. Con ello el dominio del capitalismo llevó a la guerra civil entre las clases.

Las persecuciones sufridas por la clase obrera durante la guerra han sido claramente sacadas a la luz por la Resolución de la Internacional Comunista sobre el terror blanco: «Las clases dominantes, que han diseminado en los campos de batalla más de diez millones de muertos, instauraron también, desde que comenzó la guerra, en el interior de los propios países, un régimen de brutal dictadura. El Gobierno zarista ametralló a los obreros, organizó *pogroms* de judíos y cometió otras barbaries. La monarquía austro-húngara sofocó en sangre la rebelión de los obreros y campesinos ucranianos y checoeslovacos. La burguesía inglesa asesinó a los mejores representantes del pueblo irlandés. El imperialismo alemán se ensañó en su propio país, y sus primeras víctimas fueron los marinos. En Francia se fusiló a los soldados rusos que se negaron a defender las cajas de caudales de los banqueros franceses. En América, la burguesía linchó a los internacionalistas, y condenó a trabajos forzados a los mejores militantes de la clase obrera».

La sociedad capitalista empezaba a crujir en todas sus partes. *La anarquía de la producción* había llevado a la guerra, y esta, agudizando los antagonismos de clase, abocó en la *revolución*. El capitalismo comenzó a disgregarse en dos direcciones principales (véase 13). El período del *derrumbamiento del capitalismo* quedó abierto.

Examinemos ahora más al detalle este proceso de descomposición de la sociedad capitalista.

La sociedad capitalista estaba organizada en todas sus partes componentes, según un modelo único. La fábrica tenía la misma estructura orgánica que el regimiento del ejército burgués: arriba, los ricos que mandan; abajo, los pobres, los obreros, los pequeños empleados que obedecen; en medio, los ingenieros, los suboficiales, los altos empleados. De este examen se desprende que la sociedad capitalista solo puede mantenerse, en tanto el obrero industrial obedece las órdenes del director, que percibe un sueldo fabuloso, o las del propietario, que se embolsa la plusvalía. Pero en el momento que las masas trabajadoras se empiezan a dar cuenta de que no son más que pies en las manos de sus enemigos, comienzan también a romperse los hilos que atan al soldado con el general, al obrero con el patrono. Los obreros cesan de obedecer a sus patronos, los soldados a los oficiales y los empleados a sus superiores, dando principio así al período de la disolución de la *vieja disciplina*, de la que servían los ricos para dominar a los pobres. Este período tiene que durar fatalmente hasta que la nueva clase, el proletariado, no haya sometido a la burguesía, obligándola a ponerse al servicio del que trabaja, creando con esto una nueva disciplina.

Este caso, en el que lo viejo todavía no se ha destruido y lo nuevo aún no se ha creado, solo puede terminar en la guerra civil con la victoria definitiva del proletariado.

## 32. La guerra civil

La guerra civil es una áspera lucha de clases que se transforma en revolución. La guerra imperialista entre los distintos grupos de la burguesía por la repartición del mundo, fue hecha con la ayuda de los esclavos asalariados. Pero la guerra trajo tantas cargas a los obreros, que la lucha de clases tenía que transformarse en una guerra civil de los oprimidos contra los opresores, en la que Marx llamó la única guerra justa.

Es completamente lógico que el capitalismo traiga la guerra civil y que la guerra imperialista entre los diversos Estados burgueses deba terminar con la guerra de clase. Todo esto lo predijo nuestro partido en 1914, cuando nadie pensaba en la revolución. Era evidente ya, entonces, que, por una parte, los enormes sacrificios impuestos a la clase obrera tendrían que provocar la rebelión del proletariado, y que, por otra parte, la burguesía no sería capaz de borrar los diversos antagonismos que dividen a los diversos grupos nacionales y asegurar una paz duradera.

Nuestras profecías están ahora plenamente confirmadas. Después de los años terribles de matanza y destrucción; estalló la guerra civil contra los opresores. Esta guerra civil dio comienzo en la Revolución Rusa de febrero y octubre de 1917. La revolución finlandesa, húngara, austríaca y alemana fueron su continuación; pero también los demás países han entrado en un período revolucionario. La burguesía se esfuerza en vano por establecer una paz duradera. La paz de Versalles se firmó apenas transcurridos unos meses de la cesación de hostilidades, y todos prevén ya que no será de larga duración. Después de la firma de ella se han peleado los italianos con los yugoslavos, los polacos con los alemanes, los lituanos con los polacos, etcétera. Y todos los Estados juntos atacan a la República de los victoriosos obreros rusos... La guerra imperialista termina en la guerra civil, de la que saldrá victorioso el proletariado.

La guerra civil no es ni la invención ni el capricho de un partido político: es la forma en que se manifiesta la revolución, que fatalmente tenía que venir, porque la guerra imperialista ha abierto los ojos a las masas trabajadoras.

Pensar que la revolución sea posible sin la guerra civil equivale a creer en la viabilidad de una revolución «pacífica». Los que piensan de este modo (como, por ejemplo, los mencheviques, a quienes asustan los horrores de la guerra civil) retroceden de Marx a los socialistas antidiluvianos, que tenían la ilusión de que los capitalistas se enternecerían ante las desdichas de la clase obrera. Estos «socialistas» se parecen a un hombre que quisiera amansar a un tigre con caricias e inducirle a alimentarse de hierba y dejar en paz a los rebaños. Marx era partidario de la guerra civil, o sea de la *lucha armada del proletariado contra la burguesía*. Carlos Marx escribió que los comuneros fueron demasiado débiles durante las luchas de la Comuna, de París. En el Manifiesto de la I Internacional, redactado por Marx, está contenido lo siguiente: «Hasta los sargentos de policía, en lugar de ser desarmados y presos, encontraron las puertas de París abiertas para poder escapar con toda seguridad a Versalles. No solo no se molestó a los hombres del orden, sino que se les permitió concentrarse y ocupar más de una posición en el corazón de París. En su repugnancia por emplear la lucha civil, comenzada ya con la invasión nocturna de Thiers (el Bemkin francés) a Montmartre, el Comité Central se hizo culpable del decisivo error de no avanzar contra la entonces impotente Versalles y poner así término a las conjuras de Thiers y de sus señorones agrarios. En cambio se permitió una vez más al partido del orden medir sus fuerzas en las urnas al elegir el 26 de marzo la Comuna». En este pasaje, Carlos Marx defiende abiertamente la supresión violenta de las guardias blancas durante la guerra civil.

Como se ve, los maestros del socialismo consideraron la revolución como una cosa muy seria. Ellos comprendieron claramente que el proletariado no podía vencer a la burguesía con las armas de la persuasión, sino que «le debía imponer su voluntad en una lucha civil elevada con fusiles, bayonetas y cañones».

Las clases de la sociedad capitalista, divididas por antagonismos económicos irreconciliables, marchaban en la guerra civil armadas una contra la otra. El hecho de estar la sociedad capitalista dividida en dos partes, que en sustancia representan dos sociedades, en tiempos normales pasa casi ignorado. Y por eso obedecen sin murmurar los esclavos. Pero en la guerra civil se acaba la resignación y la parte oprimida de la sociedad se subleva contra la opresora. En tales condiciones, es una demencia pensar en una convivencia pacífica de las clases. El ejército se divide en guardias blancas (compuestas por la aristocracia, la alta burguesía, los intelectuales, los ricos, sus lacayos, etcétera) y guardias rojas (compuestas de obreros y campesinos). Toda Asamblea nacional en la que tengan asiento los capitalistas al lado de los obreros es un absurdo. ¿Cómo es posible que colaboren «pacíficamente» en la Asamblea, mientras que luchan en las calles sus compañeros de clase con las armas en la mano? En la guerra civil se alza una clase contra la otra. Por eso esta puede solo terminar con la victoria completa de una clase sobre otra, pero nunca con un compromiso.

La experiencia de la guerra civil en Rusia y en los otros países (Alemania, Hungría) confirma plenamente nuestra afirmación: en la actualidad no existe más que la dictadura del proletariado o la de la burguesía y el militarismo. Los Gobiernos de las clases medias (socialrevolucionarios, mencheviques) representan únicamente una estación de paso entre los dos partidos. Al Gobierno sovietista húngaro, derribado con la ayuda de los mencheviques, sucedió un Gobierno de «coalición» que, pasados algunos días de existencia, tuvo que ceder el puesto a la reacción. Los socialrevolucionarios constitucionales que lograron apoderarse de Ufa, en el territorio del otro lado del Volga y de Siberia, fueron suplantados veinticuatro horas más tarde por el general Kolchak, que se apoyaba en los capitalistas y latifundistas y que sustituyó la dictadura de los obreros y campesinos con la de los latifundistas y burgueses.

La victoria decisiva sobre el enemigo y la instauración de la dictadura proletaria serán el resultado fatal de la guerra civil mundial.

## 33. Formas de la guerra civil y su precio

El período de la guerra civil quedó abierto con la Revolución Rusa, que representa solo el comienzo de la revolución mundial. En Rusia estalló primero la revolución porque fue donde se inició el proceso de descomposición del capitalismo. La burguesía y los latifundistas rusos, que pretenden conquistar Constantinopla y Galitzia y que de acuerdo con sus aliados ingleses y franceses, habían provocado la guerra, perecieron los primeros a causa de su debilidad y desorganización. La carestía y el caos general se produjo en Rusia antes que en otros países. Por esta razón el proletariado ruso logró ser el primero en aplastar a sus enemigos e instaurar la dictadura proletaria.

Ahora bien; de esto no se deduce que la Revolución Rusa sea la más perfecta del mundo ni que el comunismo sea tanto más fácilmente realizable cuanto menos desarrollado está el capitalismo en un país. Pues según este criterio, el comunismo debía realizarse primero en China, Persia, Turquía y otros países capitalísticamente atrasados, y en los que casi no existe clase proletaria. De ser verdad esto, toda la doctrina de Marx caería por tierra.

El que de esta manera razone confunde el *comienzo* de la revolución con su *realización*. La revolución apareció primero en Rusia, a causa del débil desarrollo del capitalismo. Pero precisamente por esta debilidad y por el hecho de estar nuestro país muy atrasado, el proletariado forma la minoría al par que es grande el número de los pequeños propietarios y comerciantes, factores que hacen casi imposible la organización de una economía comunista. En Ingla-terra la revolución estallará más tarde; pero el proletariado, después de su victoria, podrá organizar la nueva economía mucho más rápidamente, pues forma la gran mayoría del país y está habituado al trabajo social. La producción en Inglaterra estará infinitamente *más centralizada*. Estallará allí la revolución más tarde, pero será más completa que la rusa.

Muchos creen que la *violencia* de la guerra social es una consecuencia del «asiatismo» de la primitiva Rusia. Los enemigos de la revolución en Europa occidental afirman que en Rusia florece el «socialismo asiático» y que la revolución en los demás países se efectúa sin violencia. Esto son quimeras estúpidas. En los países capitalistas más adelantados, la resistencia de la burguesía será más fuerte, tanto más cuanto que los intelectuales están más íntimamente ligados al capital, y, por tanto, más hostiles al comunismo. Por eso la guerra civil en esos países será mucho más violenta que en Rusia. Esto lo veremos ya en Alemania, donde la lucha revistió caracteres atrozmente sanguinarios.

Los que se escandalizan del terror de los bolcheviques olvidan que la burguesía no rechaza ninguna violencia para conservar la cartera. La resolución del Congreso de la Internacional Comunista dice sobre esto: «Cuando la guerra imperialista comenzó a transformarse en guerra civil, y a los ojos de los dominadores, es decir, los más grandes delincuentes que haya conocido la historia de la humanidad, se presentó el peligro de la pérdida de su dominio sanguinario, la bestialidad de ellos se hizo aún mayor...».

Los generales rusos —estos genuinos representantes del régimen zarista— ametrallaron y ametrallan todavía a las masas obreras con el apoyo directo o indirecto de los socialtraidores. Durante el dominio de los socialrrevolucionarios y los mencheviques, en Rusia las prisiones y cárceles estaban repletas de obreros y campesinos, y los generales diezmaron regimientos enteros por indisciplina. Los generales Krasnov y Denikin, que gozan de la simpatía y el apoyo de los aliados, han hecho fusilar y prender decenas de miles de obreros, llegando para intimidar al pueblo hasta tener expuestas en las horcas tres días a las víctimas. En los Urales y en el territorio del Volga, las guardias blancas checoeslovacas torturaron a los prisioneros del modo más atroz, los arrojaron al Volga y enterraron vivos a muchos. En Siberia, los generales contrarrevolucionarios fusilaron miles de comunistas y obreros. La burguesía alemana y austríaca y los socialtraidores han demostrado suficientemente su naturaleza canibalesca en Ucrania, donde en horcas de hierro transportables ahorcaron a los prisioneros comunistas y a sus propios compatriotas, nuestros compañeros alemanes. En Finlandia, el país de la democracia burguesa, han sido fusilados 14 000 proletarios y más de 15 000 atormentados en las cárceles. En Helsingfors, las guardias blancas se hacían preceder de mujeres y niños para protegerse contra el fuego de la metralleta. En Tammerfors se obligó a las mujeres condenadas a muerte a cavarse la fosa. Todo esto se hizo con la ayuda de los imperialistas alemanes.

En su propio país, la burguesía y la socialdemocracia alemana, con la bestial represión proletaria comunista, con el infame asesinato de Carlos Liebknecht y Rosa Luxemburgo, han alcanzado la meta del terror reaccionario. El terror colectivo e individual es la bandera roja bajo la cual marcha la burguesía.

La misma situación se presenta en los otros países. En la democrática Suiza, a lo más mínimo que se altere el orden burgués, son ametrallados miles de obreros. En América, la burguesía ha elevado la galera, la ley de «Lynch» y la silla eléctrica a la categoría de símbolo de la democracia y la libertad. En Hungría, como en España, como en Inglaterra, como en Checoslovaquia, como en Polonia, por todas partes la misma cosa. Los terroristas burgueses no se detienen ante ninguna infamia. Para consolidar su dominio suscitaron el nacionalismo y organizaron la democracia burguesa ucraniana; con el menchevique Petliura a la cabeza apoyaron a la democracia polaca dirigida por el socialpatriota Pilundsky; organizaron pogroms de hebreos, que superaron por lo crueles en mucho a los de los esbirros zaristas. El asesinato de la Misión de la Cruz Roja bolchevique por parte de los delincuentes reaccionarios y socialdemócratas polacos es solo una gota en el mar de los delitos y fechorías que diariamente comete el agonizante canibalismo burgués.

La guerra civil, a medida que progresa, asume nuevas formas. Cuando el proletariado está oprimido lleva esta guerra en forma de *insurrecciones* contra el poder estatal de la burguesía. ¿Pero qué sucede cuando el proletariado se ha adueñado del poder? En este caso el proletariado dispone de la organización estatal, del ejército proletario, del aparato entero del poder, y está en una lucha encarnizada contra la propia burguesía que busca, valiéndose de conjuras y revueltas, arrancar el poder a la clase obrera. Pero, además, el Estado proletario está obligado a combatir contra Estados burgueses extranjeros. La guerra civil toma entonces una nueva forma: la de una verdadera guerra de clase, en la que vemos al Estado proletario en lucha contra los Estados burgueses. Los obreros no combaten ya solos a la burguesía del propio país, sino es el Estado proletario quien conduce una verdadera guerra contra los Estados capitalistas. Esta guerra no se hace con fines de conquista y rapiñas, sino por la victoria del comunismo, por la dictadura de la clase obrera.

Y así ha sucedido. Desde la Revolución de Octubre la Rusia de los Soviets ha sido agredida por todas partes: por Alemania, por Francia, por América y el Japón, etcétera. A medida que la Revolución Rusa incitaba con su ejemplo a los obreros de todos los países a la rebelión, el *capital internacional* se organizaba cada vez más contra la revolución y buscaba el llegar a una alianza de todos los bandidos capitalistas contra el proletariado.

Una tentativa de este género fue la que hicieron los capitalistas en la Conferencia de Versalles, a sugerimiento de Wilson, ese cínico agente del capital americano. La «Sociedad de las Naciones» —nombre que dieron a esta nueva organización— no es, en realidad, una liga de pueblos, sino de los capitalistas de todos los países y sus Gobiernos burgueses. Esta liga representa el intento de organizar un enorme *trust* mundial, que abarcase a todo nuestro planeta para explotar al mundo entero y reprimiera del modo más eficaz la revolución de la clase obrera. Todas las cosas que se han dicho, según las cuales la Sociedad de las Naciones sería una garantía de la paz, son mentiras hipócritas. Sus verdaderos y únicos objetivos son la explotación del proletariado mundial y de los pueblos coloniales y la estrangulación de la naciente revolución mundial.

El primer violín en esta orquesta está representado por América, que se ha enriquecido enormemente con la guerra. América es la acreedora de todos los Estados de Europa. Su posición predominante la debe también a su riqueza en materias primas, el carbón y el grano. Por eso piensa mantener en dependencia suya a los demás bandidos. Se puede decir que la posición dominante en la «Sociedad de las Naciones» le está asegurada.

Resulta interesante observar con qué cantidad de frases humanitarias y generosas los Estados Unidos tratan de cubrir su política de rapiña. Entraron en la guerra mundial como «salvadores de la humanidad», etcétera. Para América era conveniente encontrarse frente a una Europa dividida en algunas naciones, en apariencia independientes, pero en realidad dependientes de ella. El derecho «de autodecisión de las naciones» fue otro engaño del imperialismo americano. La gendarmería capitalista, las guardias blancas y la policía, que, según el plan Wilson, tienen la misión de sofocar en todos países la revolución, fueron instituidas con el pretexto de tener una fuerza armada destinada a castigar «toda violación» de la paz. En 1919, todos los imperialistas se convirtieron de un golpe en ardientes pacifistas, y gritaban hasta quedarse sin voz que los verdaderos imperialistas y enemigos de la paz eran los bolcheviques. El deseo de estrangular la revolución se ocultaba aquí abajo la bandera del «pacifismo» y de la «democracia».

De hecho, la Sociedad de las Naciones ya ha dado pruebas de ser el gendarme de la reacción internacional. Sus agentes han ahogado la república sovietista de Baviera y de Hungría. Participaron en las tentativas de estrangular al proletariado ruso. Los ejércitos ingleses, americanos, franceses y japoneses, en unión con los contrarrevolucionarios rusos, asaltaron a Rusia por todas partes. Emplearon hasta tropas coloniales contra la clase obrera rusa y húngara (Odesa, Budapest). Qué grado de infamia puede alcanzar la «Sociedad de las Naciones» lo vemos en el hecho de que los bandidos «civiles» mantuvieron una «Asociación de asesinos», teniendo por jefe al general Judenik. La «Sociedad de las Naciones» instiga a Finlandia, a Polonia, etcétera, contra la Rusia de los Soviets, urde conjuras, organiza atentados contra los comunistas rusos, etcétera. No existe infamia de la que no sea capaz la «Sociedad de las Naciones».

Cuanto más amenazadora se hace la ofensiva del proletariado, tanto más estrechamente se une la mesnada capitalista. Marx y Engels escribieron en 1847 en el *Manifiesto Comunista*: «Un espectro recorre Europa. El espectro del comunismo. Todas las potencias de la vieja Europa se han unido en una santa alianza contra este espectro, el papa y el zar, Metternich y Guizot, los radicales franceses y los polizontes alemanes». Desde entonces a hoy han transcurrido muchos años. El espectro del comunismo se ha convertido en un cuerpo de carne y hueso. Contra él han salido al campo, no solo la vieja Europa, sino el *mundo entero capitalista*. Pero la Sociedad de las Naciones no será capaz de realizar sus dos fines: *organizar la economía mundial en un trust único y aplastar a la revolución mundial*. Entre las grandes potencias reina la discordia. América y el Japón están divididas por infranqueables antagonismos. En cuanto a Alemania, sería pueril creer que pueda nutrir sentimientos amistosos hacia los señores aliados que la han despojado completamente. También los pequeños Estados están divididos por envidias y enemistades. Pero, lo que es más importante, las colonias están en plena rebelión. Los pueblos oprimidos de la India, Egipto e Irlanda se sublevan contra sus opresores. A la guerra de clase que mantiene el proletariado europeo contra la burguesía se añaden las insurrecciones de las colonias, que contribuyen a amenazar y destruir el dominio del imperialismo mundial. El sistema capitalista se deshace bajo la presión del proletariado rebelado y las repúblicas proletarias, bajo las iras del pueblo de las colonias, sin contar la acción disolvente de los contrastes y las discordias que minan los mismos Estados capitalistas.

En lugar de la «paz duradera», un caos completo; en lugar del aplastamiento del proletariado mundial, una encarnizada guerra civil. Mientras las fuerzas del proletariado aumentan en esta lucha, las de la burguesía disminuyen. Y la lucha no podrá terminar más que con la victoria del proletariado. Pero el triunfo de la dictadura proletaria no se obtiene sin sacrificios. La guerra civil, como toda guerra, exige sacrificios de vidas humanas y de bienes materiales. Toda revolución va acompañada de tales sacrificios. Por esto se puede prever que en las primeras fases de la guerra civil, el proceso de disolución provocado por la guerra imperialista se acentuará aún más. La producción industrial sufre, sobre todo por el hecho de que millones de obreros sean movilizados para defender el suelo de la República proletaria contra los ejércitos blancos de la contrarrevolución. Pero esto es inevitable en toda revolución. También durante la Revolución Francesa del 1789-1793, la guerra civil trajo consecuencias desastrosas. Pero después de la desaparición del absolutismo feudal, Francia renació rápidamente.

Todo el mundo comprenderá que en una revolución tan grandiosa como la del proletariado universal, destinada a destruir un edificio social construido en el *curso de siglos*, los sacrificios no pueden ser leves. La guerra civil se desenvuelve actualmente en una escala mundial, y en parte se transforma en una guerra entre Estados burgueses y proletarios. Los Estados proletarios, que se defienden contra el imperialismo capitalista, hacen una guerra de clase que es santa. Pero esta guerra requiere sacrificios de sangre, y al prolongarse la batalla, aumenta el número de las víctimas, progresa la destrucción.

Los sacrificios que cuesta la revolución no pueden, en ningún caso, dar un argumento contra ella. La sociedad capitalista ha dado origen al más espantoso cataclismo que jamás había visto la Historia. ¿Qué guerra civil puede parangonarse con esa loca y delictiva destrucción de tantos seres humanos y de tantas riquezas acumuladas en el transcurso de siglos? La humanidad debe terminar con el capitalismo *de una vez para siempre*. Para realizar esta obra ningún sacrificio puede ser demasiado grande. Es necesario soportar por algún tiempo los dolores y los daños de la guerra civil, para el advenimiento del comunismo, que limpiará todas las plagas y determinará un rapidísimo desarrollo de las fuerzas productivas de la sociedad.

## 34. ¿Disolución general o comunismo?

La revolución que se está desarrollando se convertirá en una revolución mundial, por las mismas razones por las que la guerra imperialista se convirtió en guerra *mundial*. Todos los países más importantes están ligados entre sí, representan los miembros de la economía mundial. En todos los países, la guerra causó destrucciones terribles, produjo la carestía y la esclavización proletaria, determinó la lenta disgregación y el caos capitalista, trayendo la disolución de la disciplina del látigo en el ejército y la oficina. Y con la misma implacable fatalidad conduce a la revolución comunista del proletariado.

Nada puede parar la disolución del capitalismo ni el avance de la revolución mundial. Toda tentativa de volver a la sociedad humana a las antiguas vías del capitalismo, está condenada *a priori* al fracaso. La conciencia de las masas obreras ha alcanzado un grado tal de desarrollo, que ya no están dispuestas a trabajar ni combatir por los intereses de los capitalistas, por la conquista de tierras extrañas y de países coloniales. Por ejemplo, hoy sería imposible en Alemania reconstruir el ejército de Guillermo. Así como no es posible restablecer la disciplina imperialista en el ejército y obligar a los soldados proletarios a obedecer al general feudal, tampoco es posible restablecer la disciplina capitalista del trabajo y forzar al obrero a trabajar para el capitalista o para el latifundista. El nuevo ejército no puede ser sino obra del proletariado, y la nueva disciplina del trabajo tiene que llevarla a cabo la clase obrera.

En este momento solo hay dos soluciones posibles: o el derrumbamiento, el caos general, el desorden cada vez mayor y la anarquía, o bien el advenimiento del *comunismo*. Esto lo han demostrado todas las tentativas fallidas de poner en pie el capitalismo en los países donde el proletariado estuvo en el Poder. Ni la burguesía finlandesa, ni la húngara, ni Kolchak, ni Denikin, ni Shoropadsky, han sido capaces de dar vida a la economía del país, y los últimos de estos ni aun siquiera fueron capaces de mantener su régimen de sangre.

La única salvación de la Humanidad está en el comunismo. Y puesto que solo el proletariado puede realizarlo, aparece este como el verdadero libertador de la Humanidad, de los horrores del capitalismo, de la explotación atroz, de la política colonial, del hambre, del embrutecimiento, de todas las monstruosidades del capitalismo financiero y del imperialismo. Esta es la gran misión histórica del proletariado. Este podrá sufrir derrotas en batallas parciales y hasta en países enteros, pero su victoria final es tan inevitable como fatal la derrota de la burguesía.

De cuanto hemos expuesto aquí arriba resulta claramente que todos los partidos, todos los grupos y todas las clases que piensan en un renacimiento del capitalismo y creen que la hora del socialismo todavía no ha llegado, ayudan, voluntaria o involuntariamente, consciente o inconscientemente, a la contrarrevolución. A esta categoría pertenecen todos los partidos socialistas, colaboracionistas y reconstructores.

## Capítulo V
## La II y la III Internacional

### 35. El internacionalismo del movimiento obrero como premisa de la victoria de la revolución comunista

La revolución comunista puede únicamente vencer como revolución mundial. Sí, por ejemplo, la clase obrera de un país se apoderase del Poder, mientras en los demás países el proletariado, no por miedo, sino por convicción, sigue sujeto al capital, ese país sería bien pronto presa de los Estados capitalistas. En los años 1917, 1918 y 1919 las potencias capitalistas hicieron todos los esfuerzos posibles por aniquilar a Rusia soviética. En 1919 fue estrangulada Hungría soviética. El no haber conseguido estrangular los Estados burgueses la Rusia de los Soviets se debe al hecho de que la situación *interna* no permitía a los capitalistas continuar la guerra contra la voluntad de las masas obreras, que exigían la retirada de las tropas de Rusia. La existencia de la dictadura proletaria, circunscrita a un solo país, está continuamente amenazada en el caso en que venga a faltar a esta el apoyo de la clase trabajadora de los demás países. A esto hay que añadir las numerosas dificultades que obstaculizan la obra de reconstrucción económica en dicho país, pues no recibe nada, o casi nada del extranjero; está bloqueado por todas partes.

Pero si para la victoria del comunismo es necesaria la victoria de la revolución *mundial* y la ayuda recíproca de los obreros, esto significa que la condición indispensable de la victoria es la solidaridad internacional de la clase obrera. Lo mismo que en las luchas económicas la victoria de los obreros depende de lo compacto y solidario de su organización, así también en la lucha por la conquista del Poder, los trabajadores de los diversos países capitalistas no pueden alcanzar la victoria si no combaten en filas compactas, si no sienten que son una sola clase, unida por intereses comunes. Solo la confianza recíproca, la solidaridad fraternal y la unidad de la acción revolucionaria pueden asegurar la victoria de la clase trabajadora. El movimiento obrero comunista solo puede vencer como movimiento comunista *internacional*.

La necesidad de la lucha internacional del proletariado ha sido reconocida hace ya mucho tiempo. Hacia la mitad del siglo pasado, poco antes de la revolución de 1848, existía ya una organización internacional secreta, la «Unión de los Comunistas», capitaneada por Marx y Engels. En el Congreso que celebró en Londres esta organización, Marx y Engels recibieron el encargo de redactar un «manifiesto». Así nació el *Manifiesto Comunista*, en el que los grandes e ilustres luchadores del proletariado expusieron por primera vez la doctrina comunista.

En 1864 se fundó la «Asociación Obrera Internacional», o sea la I Internacional, dirigida por Carlos Marx. La I Internacional agrupaba muchos directores del movimiento obrero de varios países, pero le faltaba unidad y homogeneidad. Además, no se apoyaba todavía sobre grandes núcleos obreros y, por tanto, parecía más bien una asociación internacional para la propaganda revolucionaria. En 1871 los miembros de la I Internacional tomaron parte en la insurrección de los trabajadores parisienses (Comuna de París). En los años siguientes comenzaron las persecuciones contra los grupos adheridos a la Internacional. En 1874 se disolvió la I Internacional, después de las luchas intestinas entre los partidarios de Marx y los de Bakunin. Después de la desaparición de la I Internacional, paralelamente con el desarrollo de la industria, comenzaron a surgir los partidos socialdemócratas. La necesidad de un apoyo mutuo se hizo pronto sentir. En 1889 se reunió un Congreso internacional de los representantes de los partidos socialistas de los diversos países. Allí surgió la II Internacional, que se disgregó al comienzo de la guerra mundial. Las causas de su fracaso las expondremos más tarde.

Ya en el *Manifiesto Comunista*, Carlos Marx lanzaba su célebre: «¡Proletarios de todos los países, uníos!». Dicho manifiesto termina con las siguientes palabras: «Los comunistas no pretenden ocultar sus opiniones y propósitos. Declaran abiertamente que sus fines no pueden realizarse sino con el derrumbamiento violento del actual orden social. Tiemblen las clases dominantes ante la revolución comunista. Los proletarios no tienen que perder más que las cadenas y un mundo entero que ganar. ¡Proletarios de todos los países, uníos!».

La solidaridad internacional no es para los obreros un juego o una bella palabra, sino una necesidad vital, sin la cual la clase obrera estaría condenada a la derrota.

## 36. Descomposición de la II Internacional y sus causas

Cuando comenzó la guerra, en agosto de 1914, los partidos socialdemócratas de todos los países se pusieron al lado de sus Gobiernos y apoyaron con su conducta la carnicería infame. Solo el proletariado ruso y servio, y más tarde el italiano, declararon la guerra a la guerra de sus Gobiernos. Los diputados socialistas de Francia y Alemania votaron los créditos de guerra de sus Gobiernos. En vez de alzarse todos juntos contra la burguesía criminal, los partidos socialistas se dispersaron, cada uno bajo la bandera del propio Gobierno burgués. La guerra imperialista contó con el apoyo de los partidos socialistas, cuyos directores renegaron y traicionaron el socialismo. La II Internacional tuvo un fin vergonzoso.

Es bastante curioso el hecho de que la Prensa y los dirigentes de los partidos socialistas, poco antes de su traición habían condenado la guerra. G. Hervé, el traidor del socialismo francés, escribía en su periódico *La Guerra social* (que luego se llamó *La Victoria*): «¡Batirse para salvar el prestigio del Zar...! ¡Qué alegría morir por una causa tan noble!».

El Partido Socialista Francés, tres días antes de la guerra publicó un manifiesto contra la guerra, y los sindicalistas franceses dijeron en su periódico: «¡Obreros: si no sois unos miserables cobardes, protestad!». La socialdemocracia alemana convocó numerosos mítines de protesta. Todavía estaba reciente la decisión del Congreso Internacional de Basilea. En esa decisión se decía que en caso de guerra se debían emplear *todos* los medios «para que el pueblo se rebelara y acelerara la derrota del capitalismo». Pero ya el día de la declaración de guerra los mismos partidos y los mismos directores escribían sobre la necesidad de defender la patria (es decir, al Estado-bandido de la propia burguesía), y *Arbeiter Zeitung*, de Viena, afirmaba «que había que defender a la humanidad teutona».

Para comprender la disolución y la deshonrosa muerte de la II Internacional no debemos olvidar las condiciones bajo las cuales se desarrolló el movimiento obrero antes de la guerra. Hasta entonces el capitalismo de los países europeos y el de los Estados Unidos se desarrolla a expensas de las colonias, donde se manifestó en su aspecto más brutal e inhumano. Valiéndose de todos los medios de explotación, de rapiña, de engaño y de violencia, se arrebató a los pueblos coloniales valores que produjeron grandes ganancias al capital financiero europeo y americano. Cuanto más fuerte y potente era un *trust* capitalista estatal en el mercado *mundial*, tanto mayores eran los provechos que se embolsaba de la explotación de las colonias. Esta sobreganancia le permitía conceder a sus esclavos asalariados una merced superior a la normal. Se comprende que esto no era a todos, sino solo a los obreros *especializados*. Estos estratos de la clase obrera fueron *corrompidos* con el dinero del capital. Dichos obreros se hacían este razonamiento: «Si nuestra industria posee mercados en las colonias africanas, esto es una ventaja para nosotros. La industria se desarrollará, la ganancia de los patronos aumentará y también habrá algo para nosotros». Así el capital conseguía encadenar a sus esclavos asalariados a su propio carro.

Las masas obreras no estaban habituadas —pues no habían tenido ocasión— a mantener una lucha en una escala internacional. La actividad de sus organizaciones, en la mayor parte de los casos estaba circunscrita al territorio del Estado de la propia burguesía. Y esta «propia» burguesía supo ganarse una parte de la clase obrera para su política colonial. Los directores de las organizaciones obreras, la burocracia sindical y los representantes parlamentarios, que ocupaban puestos más o menos cómodos y estaban habituados a una actividad «pacífica» y «legal», cayeron en los amorosos brazos de la burguesía. En Europa y en América, la industria progresaba rápidamente y la lucha de la clase obrera asumía formas más o menos pacíficas. Grandes revoluciones no se habían verificado desde 1871 (a excepción de Rusia). Todos se habían familiarizado con el pensamiento que el capitalismo, en el porvenir, evolucionaría pacíficamente. Cuando se hablaba de la guerra futura, nadie lo tomaba en serio. Una parte de los obreros, y entre ellos los directores, se hacían cada vez más a la idea de que la clase obrera estaba interesada en la política colonial y que, por lo mismo, debía secundar las iniciativas y las acciones de la propia burguesía, encaminadas al desarrollo y prosperidad a «los intereses de toda la nación». Como consecuencia de esto empezaron a afluir, en la socialdemocracia, masas pequeñas burguesas.

Por esto no tiene nada de extraño que, en el momento decisivo, *la adhesión al Estado imperialista pudiera más que la solidaridad internacional de la clase obrera.*

La causa primordial del fracaso de la II Internacional, fue debido al hecho de que la política colonial y la posición monopolista de los mayores *trusts* capitalistas estatales, ligaba a los obreros y, sobre todo, a las aristocracias de la clase obrera, al Estado imperialista.

En la historia del movimiento obrero encontramos otros casos en que los obreros *cooperaban* con sus explotadores, como, por ejemplo, en los tiempos en que el obrero y el patrono comían en una misma mesa. Entonces el obrero consideraba el taller de su patrono como suyo; el patrono no era para él un enemigo, sino el «que le daba trabajo». Solo con el transcurso de tiempo, los obreros de las diversas fábricas comenzaron a unirse contra *todos* los patronos.

Ha sido necesaria la guerra para que la clase obrera se haya dado cuenta de que no le conviene secundar la política del propio Estado *burgués*, sino que su deber es destruir en bloque estos Estados burgueses e instaurar la dictadura proletaria.

## 37. El mito de la defensa de la patria y del pacifismo

La traición de los directores de los partidos socialistas y de la II Internacional era el pretexto del deber de la «defensa nacional».

Ya hemos visto que en una guerra imperialista ninguna de las grandes potencias «se defiende», sino que todas atacan. El espejuelo de la defensa nacional era, simplemente, un engaño que tenían los directores para cubrir su traición.

Consideremos el problema en toda su amplitud. En realidad, ¿qué es la patria? ¿Qué se entiende bajo este término? ¿Una agrupación de hombres que hablan la misma lengua? ¿O una nación? Ninguna de las dos cosas. Tomemos a Rusia por ejemplo. Cuando la burguesía se jactaba de defender la patria, no pensaba en un territorio poblado por una sola nación, no; pensaba en el territorio de toda Rusia, habitado por varios pueblos. ¿Qué se trataba entonces de defender? No otra cosa sino el *poder estatal de la burguesía y de los latifundistas rusos*. A defender este poder estatal fueron llamados los obreros y campesinos rusos (en realidad, lo que defendieron fue el extender este dominio hasta Constantinopla y Cracovia). Cuando la burguesía alemana movió gran polvareda en torno a la defensa de la «patria», ¿de qué se trataba? En este caso, también del poder de la burguesía alemana, del *agrandamiento de las fronteras del canallesco imperio de los Hohenzollern*.

Debemos, por tanto, preguntarnos si tiene verdaderamente la clase obrera una patria *bajo el dominio del capital*. En este asunto, Marx se expresó terminantemente en el *Manifiesto Comunista*: «Los obreros no tienen patria». ¿Por qué? Por la sencilla razón de que bajo el capitalismo no disponen de ningún poder, puesto que todo el poder se halla en manos de la burguesía y porque en la sociedad capitalista el Estado no es más que un *medio de opresión* de la clase obrera. La clase obrera tiene el deber de *destruir* y no de defender el Estado de la burguesía. El proletariado tendrá patria cuando haya conquistado el poder del Estado y sea dueño del país. Solo entonces el proletariado tendrá la obligación de defender su patria, porque al hacerlo defenderá, en realidad, *su propio poder y su propia causa*, y no el poder de sus enemigos y la causa de sus opresores.

Esto que hemos dicho la burguesía lo comprende perfectamente, y lo vamos a demostrar con los siguientes hechos. Cuando el proletariado ruso conquistó el poder, la burguesía rusa declaró la guerra al propio país, aliándose con cuantos le ofrecieron apoyo: alemanes, japoneses, ingleses, americanos y si hubiera podido, hasta con el diablo. ¿Por qué? Pues porque ella había perdido en Rusia *el poder*, su patria de opresión y explotación burguesa. Lo mismo ocurrió en Hungría. También allí la burguesía hablaba de defensa de la patria mientras el poder se encontró en sus manos, pero no tuvo ningún inconveniente en aliarse con los enemigos de ayer, los rumanos, los checoeslovacos y con la Entente para ahogar a Hungría proletaria. Esto quiere decir que la burguesía comprende muy bien su negocio. Llama en nombre de la patria a todos los ciudadanos para que le defiendan el poder burgués y condena por alta traición a los que no lo hacen, pero no siente ningún escrúpulo si se trata de combatir la patria *proletaria*.

El proletariado debe aprender de la burguesía. Debe destruir la patria burguesa y no defenderla ni contribuir a su engrandecimiento. Pero, en cambio, tiene el deber de defender *su* patria proletaria hasta derramar la última gota de su sangre.

Nuestros adversarios no podrán objetar: reconocéis que la política colonial y el imperialismo han contribuido al desarrollo de la industria de los grandes Estados y que algunas migajas de la ganancia ha ido a parar a la clase obrera, ¿No se deduce de aquí que conviene defender al propio patrono y ayudarle en la lucha con sus competidores? Esto es absolutamente falso. Pongamos el ejemplo de dos industriales: Schulz y Petrov, dos encarnizados competidores. Supongamos que Schulz diga a sus obreros: «¡Amigos, defendedme con todas vuestras fuerzas! Causad todos los daños que podáis a la fábrica de Petrov, a su persona, a sus obreros, etcétera. En ese caso yo arruinaré a Petrov, mi negocio prosperará y marcharé viento en popa. Vosotros tendréis un aumento de salario». Petrov cuenta la misma historia a sus obreros.

Supongamos que Schulz haya vencido en esta lucha. Es posible que al principio conceda algún aumento de salarios a sus obreros, pero más tarde se reirá de todas sus propias promesas. Si los obreros de Schulz, forzados a la huelga, apelan a la solidaridad de los obreros de Petrov, estos últimos les podrán responder: «¿A qué acudís a nosotros? Antes nos jugasteis una mala pasada, pues aguantaros ahora». Al no poder efectuarse una huelga común, la desunión de los obreros refuerza la posición del capitalista. Estos, después de haber vencido a los concurrentes, vuelven sus armas contra los obreros desunidos. Es verdad que los obreros de Schulz han obtenido con el aumento de salario una pequeña ventaja efímera; pero más tarde pierden hasta esta pequeña conquista. Lo mismo pasa en la lucha *internacional*. El Estado burgués representa una asociación de propietarios. Cuando una de esas asociaciones quiere enriquecerse a expensas de otra, encuentra medio de obtener el consentimiento de los obreros con el dinero.

El fracaso de la II Internacional y la traición de los directores tuvo lugar porque estos estaban dispuestos a «defender» al Estado burgués, para conseguir algunas migajas que cayeran del banquete de los patronos. Pero durante la guerra, cuando, por consecuencia a la traición, los obreros estaban divididos ya, el capital se cebó en ellos con violencia feroz. Los obreros comprendieron que sus cálculos habían fracasado y se dieron cuenta de que los directores les habían vendido por poco dinero. Con este reconocimiento comienza *el renacimiento del socialismo*. Las primeras protestas surgieron de las filas de los obreros no especializados y mal pagados. Los elementos de la aristocracia obrera y los viejos directores todavía continuaron algún tiempo haciendo el juego de la burguesía.

Otro medio de engañar y desviar a las masas, además del citado de la defensa burguesa, era el llamado *pacifismo*. ¿Qué entendemos bajo este término? La concepción utópica de que ya en la sociedad capitalista, sin revoluciones y sin insurrecciones del proletariado, pueda instaurarse el reino de la paz sobre la tierra. Bastaría establecer Tribunales arbitrales, abolir la diplomacia secreta, realizar el desarme —limitando los armamentos al principio—, etcétera, para que todo anduviese a maravilla.

El error fundamental del pacifismo, es el de creer que la burguesía pueda jamás aceptar cosas de este género, como el desarme, etcétera. Es cosa perfectamente absurda querer predicar el desarme en la época del imperialismo y de la guerra civil. La burguesía continuará armándose, a pesar de los piadosos deseos de los pacifistas. Si el proletariado desarma o no se arma, se expondrá sencillamente a ser aniquilado. En esto precisamente consiste el engaño de las ideas pacifistas, *cuya finalidad es apartar a la clase obrera de la lucha armada por el comunismo.*

El mejor ejemplo del carácter engañador del pacifismo lo tenemos en la política de Wilson y sus catorce puntos, que, bajo el manto de los más nobles ideales, esconden el robo mundial y la guerra civil contra el proletariado. De qué infamias sean capaces los pacifistas nos lo muestran los siguientes ejemplos: El expresidente de los Estados Unidos, Taft, y uno de los fundadores de la Unión Pacifista Americana, es, al mismo tiempo, un rabioso imperialista; el conocido fabricante de automóviles americanos, Ford, mientras organizaba expediciones enteras a Europa para propagar el pacifismo, se embolsaba centenares de millones de dólares de ganancias de la guerra, pues todos sus establecimientos trabajaban para la guerra. A. Fried, en su *Manual del pacifismo* (II volumen, p. 149), ve la «fraternidad de los pueblos», entre otras cosas, su campaña anexionista contra la China en 1900. Al robo patente cometido en común por todas las potencias en perjuicio de la China se le bautiza con el nombre de «fraternización de los pueblos». Ahora los pacifistas se apropian la frase de la «Sociedad de las Naciones», que no es otra cosa, en realidad, más que una *Sociedad de capitalistas.*

## 38. Los socialpatriotas

Los conceptos engañosos con que la burguesía intoxicaba día por día los cerebros de las masas proletarias por medio de su prensa (periódicos, revistas, folletos), se convirtieron también en axiomas para los traidores del socialismo.

Los viejos partidos socialistas, en casi todos los países, se dividen en tres corrientes: los traidores desvergonzados, pero sinceros, o *socialpatriotas*; los traidores inconfesos, o *centristas*, y, por último, los que siguieron fieles al socialismo. De este último grupo surgieron, más tarde, los *partidos comunistas.*

Se mostraron como socialpatriotas, es decir, como predicadores de odio de naciones bajo la bandera del socialismo, como colaboradores de la política de bandidaje de los Estados burgueses y esparcidores del engaño de la defensa nacional, los jefes de casi todos los antiguos partidos socialistas; en Alemania: Scheidemann, Ebert, Heine, David y otros; en Inglaterra: Henderson; en América: Samuel Gompers; en Francia: Renaudel, Albert Thomas, Jules Guesde y los directores sindicales, como Jouhaux; en Rusia: Plejanov, Petrenov y los socialrrevolucionarios de derecha (Breschko-Breschovskaja, Kerenski y Cernov); en Austria: Rener, Seitz y Víctor Adler; en Hungría: Garami, Buchinger y otros.

Todos ellos eran partidarios de la «defensa» de la patria burguesa. Algunos de ellos se mostraron *abiertamente* como colaboradores de una política de rapiña, declarándose favorables a las anexiones de territorios extranjeros, a las indemnizaciones de guerra y a la conquista de colonias (socialimperialistas). El manifiesto de Plejanov fue pegado en todas las esquinas de Rusia por orden del ministro zarista Chvostov. El general Kornilov nombró a Plejanov ministro de su Gabinete. Kerenski (socialrrevolucionario) y Zeretelli (menchevique) ocultaron al pueblo los tratados secretos del zar. Después de las jornadas de julio, el proletariado de Petrogrado fue perseguido por ellos de un modo sangriento. Los socialrevolucionarios y mencheviques tomaron parte en el Gobierno de Kolchak. Rosanov era un espía de Judenic. En una palabra, ellos fueron siempre aliados de la burguesía en defensa de la patria de sus señores y para aniquilamiento de la patria sovietista del proletariado. Los socialpatriotas *franceses* tomaron parte en Gobiernos de guerra (Guesde, Albert Thomas), dieron su apoyo a todos los planes anexionistas de los aliados, aprobaron la intervención armada para sofocar la revolución proletaria en Rusia. Los socialpatriotas *alemanes* tomaron parte en el Gobierno de Guillermo (Scheidemann), ayudaron al imperialismo alemán a sofocar la revolución finlandesa y a despojar a Ucrania y a la gran Rusia. Miembros del partido socialdemócratico alemán (Winnig en Riga) dirigieron los combates contra los obreros rusos y letones. Los socialpatriotas asesinaron a Carlos Liebknecht y a Rosa Luxemburgo y ahogaron en sangre las insurrecciones de los obreros comunistas de Berlín, Hamburgo, Leipzig, Munich, etcétera. Los socialpatriotas *húngaros* apoyaron al Gobierno monárquico y más tarde traicionaron a la República de los Soviets. En una palabra, en todos los países se han mostrado como los verdugos de la clase obrera.

Cuando Plejanov todavía era revolucionario, escribió en el periódico *Srkra*, que aparecía en el extranjero, que el siglo XX, al cual estaba reservado la realización del socialismo, sería lo más probable que viera una profunda escisión en el campo socialista y una grande y encarnizada lucha entre las dos fracciones. Lo mismo que en los tiempos de la Revolución Francesa de 1789-1793, el partido revolucionario radical (la «Montaña») hizo la guerra civil contra el partido moderado y más tarde contrarrevolucionario (la «Gironda»), sucederá también en el siglo XX, cuando los compañeros de un tiempo se encuentren en dos campos adversarios, porque una parte de ellos habrá pasado al campo de la burguesía.

Esta profecía de Plejanov se ha realizado plenamente; ahora que él no podía sospechar que los acontecimientos le colocarían del lado de los traidores.

Los socialpatriotas (u oportunistas) se convirtieron en *enemigos* declarados de la clase proletaria. En la gran revolución mundial combaten en las filas de los *blancos* contra los rojos, en estrecha amistad con militaristas, capitalistas y latifundistas. Es innegable que el proletariado debe llevar contra ellos, como contra la burguesía, de quien son instrumentos, una lucha sin cuartel.

Los residuos de la II Internacional, que tratan estos partidos de reavivar, no son en el fondo más que una oficina de la «Sociedad de las Naciones», un arma de la burguesía en su lucha contra el proletariado.

## 39. El Centro

Esta corriente debe su nombre al hecho de estar colocada entre los comunistas y los socialpatriotas. A esta corriente pertenecen en Rusia los mencheviques de izquierda, con Martov a la cabeza; en Alemania, el partido socialista independiente, con Kautsky y Ledebour; en Francia, el grupo Longuet; en América, el partido socialista americano, con Hilquith; en Inglaterra, una parte del partido socialista británico y el partido independiente del trabajo, etcétera.

Al iniciarse la guerra, toda esa gente, de acuerdo con los socialpatriotas, estaban por la defensa nacional y contra la revolución. Kautsky escribía entonces que la cosa más terrible era «la invasión enemiga», y que solo después de la guerra se podría volver a empezar la lucha contra la burguesía. En tiempo de guerra, la Internacional, según Kautsky, no tenía nada que hacer. Después de la «conclusión de la paz», el señor Kautsky, al ver que todo estaba destruido, dijo que no era el caso de pensar en el socialismo. En resumen: durante la guerra no hay que luchar, porque la lucha no tendría objeto y conviene dejarla para el tiempo de la paz; pero, por otra parte, tampoco en tiempo de paz se debe luchar, porque hace falta reconstruir lo que la guerra ha destruido. La teoría de Kautsky es, como se ve, la filosofía del nulismo y de la impotencia absoluta que adormece y paraliza las energías del proletariado. Mas lo más grave es que Kautsky inició en el período revolucionario una furibunda campaña contra los bolcheviques.

Él, que ha olvidado las enseñanzas de Marx, condena duramente la dictadura proletaria, el terrorismo, etcétera, sin darse cuenta de que con esto ayuda al *terror blanco de la burguesía*. Sus esperanzas son en el fondo las de todos los pacifistas (tribunales arbitrales, etcétera), sin distinguirse en nada de cualquier pacifista burgués.

La política del Centro consiste sustancialmente en que oscila impotente entre la burguesía y el proletariado, pisándose sus propios talones al querer conciliar lo inconciliable, y acaba por traicionar al proletariado en los momentos decisivos. Durante la Revolución de Octubre los centristas rusos (Martov y compañía) deploraban la violencia de los bolcheviques, tratando de reconciliar a todos, ayudando con esto a las guardias blancas y *debilitando* al proletariado en su lucha. El partido menchevique ni siquiera expulsó a aquellos de sus miembros que habían tomado parte en las conjuras de los generales y les habían prestado servicios de espionaje. En los días más críticos para el proletariado los centristas organizaron agitaciones y huelgas a favor de la Constituyente y contra la dictadura proletaria.

Durante la ofensiva de Kolchak algunos de estos mencheviques lanzaron la orden de poner fin a la guerra civil (Plessov). Los «independientes» de Alemania, durante las insurrecciones proletarias de Berlín, desempeñaron el papel de traidores, contribuyendo con sus tentativas conciliadoras a la derrota de la clase obrera; además, entre los independientes, muchos culpables de colaboración con los mayoritarios. Pero lo más esencial es que no hacen ninguna propaganda por *la insurrección de las masas contra la burguesía*, y solo se dedican a embrollar al proletariado con palabras pacifistas. En Francia y en Inglaterra, los centristas «condenaron» la contrarrevolución, «protestaron» de *palabra* contra la intervención en Rusia, pero revelaron su absoluta incapacidad de llevar las masas a la *acción*.

Actualmente los centristas son tan perjudiciales como los socialpatriotas. También los centristas y «kautskyanos» se esfuerzan por infundir nueva idea al cadáver de la II Internacional y en llevar a cabo una «reconciliación» con los capitalistas. Es evidente que sin una ruptura definitiva y una encarnizada lucha contra ellos, la victoria sobre la contrarrevolución es imposible.

Las tentativas de reconstruir la II Internacional fueron hechas bajo la benévola protección de la «Sociedad de las Naciones», en vista de que los socialpatriotas son hoy realmente los *últimos* puntales del orden social capitalista en descomposición. La guerra imperialista pudo durar cinco años, gracias a la traición de los partidos socialistas. Los antiguos partidos socialistas son para el proletariado el mayor obstáculo en la lucha para el aniquilamiento del capital. Durante la guerra los partidos de los socialtraidores repetían lo que la burguesía les mandaba. Concluida la paz de Versalles y constituida la «Sociedad de las Naciones», los supervivientes de la II Internacional (socialpatriotas y centristas) hicieron suyas las palabras lanzadas por la «Sociedad de las Naciones». La «Sociedad de las Naciones», con la II Internacional, acusa a los bolcheviques de terrorismo, de violación de la democracia y de «imperialismo rojo». En lugar de llevar una lucha a fondo con los imperialistas, los socialpatriotas y centristas toman por bandera las estúpidas palabras esas.

## 40. La Internacional Comunista

Los socialpatriotas y centristas, durante la guerra, hicieron suyas, como vimos, las teorías de defensa de la patria (burguesa, de la organización estatal de los enemigos del proletariado). De aquí que se concluyera con la burguesía la «paz civil», que significó la sumisión completa del proletariado al Estado burgués. Quedó abolido el derecho de huelga y de protesta contra la burguesía criminal. Los socialpatriotas declararon: primero hay que vencer a los «enemigos exteriores», y luego ya veremos. Con este proceder quedaron los obreros de todos los países abandonados al arbitrio de la burguesía. Pero algunos grupos de socialistas honrados comprendieron desde el principio de la guerra que la «defensa de la patria» y la «paz civil» atarían de pies y manos al proletariado, y que esto constituiría, por tanto, una verdadera traición hacia la clase obrera. El partido bolchevique declaró ya en 1919 que se imponía, no la paz interna con la burguesía, sino la guerra civil contra ella, esto es, que la revolución era el primer deber del proletariado. En Alemania, el grupo fiel a la causa del proletariado estaba capitaneado por Rosa Luxemburgo y Carlos Liebknecht (el grupo «Internacional»). Este grupo declaró que lo primordial era la solidaridad internacional del proletariado. Poco tiempo después, Carlos Liebknecht llamó al proletariado a la insurrección armada contra la burguesía. Así nació el partido de los bolcheviques alemanes, el «Spartakusbund» (liga «Espartaco»). También se produjeron escisiones en los partidos de otros países. En Suiza se formó el llamado «Partido Socialista de Izquierda»; en Noruega, la izquierda conquistó todo el partido. Los socialistas italianos durante la guerra, mantuvieron siempre alta la bandera de la Internacional. Sobre este terreno surgieron tentativas de unificación, que en la conferencia de Zimmerwald y de Kienthal echaron el germen, del que más tarde nació la Internacional Comunista. Pero pronto se vio que se habían insinuado elementos sospechosos de «centrismo» que trataban de frenar el movimiento. Por esta razón, en el seno de la unión internacional de Zimmerwald se formó la «izquierda zimmerwaldiana», capitaneada por el compañero Lenin. La izquierda zimmerwaldiana era partidaria de una acción decisiva y criticaba duramente la conducta del «centro», guiado por Kautsky.

Después de la Revolución de Octubre y la instauración del poder sovietista, Rusia se convirtió en el punto de apoyo principal del movimiento internacional. Para distinguirse de los socialtraidores, el partido volvió a adoptar el antiguo nombre glorioso de Partido Comunista. Bajo la influencia de la Revolución Rusa se formaron partidos comunistas en muchos países. El «Spartakusbund» cambió su nombre por el de Partido Comunista de Alemania. Se constituyeron partidos comunistas en Hungría, en Austria alemana, en Francia y en Finlandia. En América el «centro» expulsó a la izquierda, que se constituyó en Partido Comunista. En otoño de 1919 se fundó el Partido Comunista de Inglaterra. De la unión de estos partidos surgió la Internacional Comunista. En marzo de 1919 tuvo lugar en el

Kremlin, el antiguo palacio del zar en Moscú, el primer Congreso Internacional Comunista, donde se fundó la Internacional Comunista. En este Congreso tomaron parte representantes de los partidos comunistas ruso, alemán, austríaco, húngaro, sueco, noruego, finlandés y de otras naciones, además de algunos compañeros franceses, americanos e ingleses.

El Congreso aceptó por unanimidad la plataforma programática de los compañeros alemanes y rusos.

El desarrollo y progreso de esta Internacional ha demostrado claramente que el proletariado está firmemente decidido a seguir la bandera de la dictadura proletaria, del poder socialista y del comunismo.

La III Internacional tomó el nombre de Internacional Comunista en recuerdo de la unión de los comunistas, cuyo jefe fue Carlos Marx. Con su acción, la Internacional Comunista ha demostrado seguir las normas de Marx, o sea seguir el camino revolucionario que conduce al derrumbamiento violento del orden capitalista.

Nada tiene de extraño que todo cuanto hay verdaderamente honrado y revolucionario en el proletariado se adhiera a la nueva Internacional, que junta todas las fuerzas de la vanguardia proletaria.

La Internacional Comunista demuestra ya con su nombre no tener nada de común con los socialtraidores. Marx y Engels opinaban que no estaba bien que un partido del proletariado revolucionario se llamara «socialdemocracia». El término «democracia» denota una determinada forma estatal. Como ya hemos dicho antes, en la sociedad futura no existirá ninguna forma de Estado. En cambio, en el período de transición debe imperar la *dictadura* del proletariado. Los traidores de la clase obrera no consiguen superar la república burguesa, mientras que nosotros nos movemos en dirección a la realización del comunismo.

Engels dice en el prefacio al *Manifiesto Comunista* que bajo el término «socialismo» (en su tiempo) se entendía el movimiento de los intelectuales radicales, mientras el término «comunismo» denotaba el movimiento de la clase obrera. Hoy se repite el mismo fenómeno. Los comunistas se apoyan exclusivamente en la clase obrera, mientras que los socialdemócratas tienen su base en la aristocracia obrera, en los intelectuales, en el artesano y en el pequeño burgués.

La Internacional Comunista traduce la doctrina de Marx en realidad histórica, depurándola de todas las excrecencias que el período de pacífico desarrollo del capitalismo le había añadido. Lo que el gran maestro del socialismo predicaba hace sesenta años, se realiza hoy bajo la dirección de la Internacional Comunista.

NIKOLAI IVANOVICH BUJARIN (1888-1938). Dirigente soviético. Se especializó desde muy joven en el estudio de la economía política. Siguió a Lenin en la escisión que condujo a la creación del Partido Bolchevique, de modo que formaba parte del reducido grupo comunista que se hizo con el poder tras la Revolución de 1917. Según Lenin, era el mayor pensador teórico del grupo, y de hecho su obra *El imperialismo y la economía mundial* inspiró las ideas sobre el particular que después publicó Lenin. Desde 1917 formó parte del Comité Central del Partido y, desde 1919, del Politburó; como máximo guardián de la ortodoxia ideológica marxista, participaba también en la redacción del periódico del partido *(Pravda)* y presidió la Comisión Ejecutiva de la Internacional Comunista.

Tras la muerte de Lenin en 1924, Bujarin encabezó el ala «derecha» del partido, a la cual se alineó con Stalin en la lucha sucesoria contra Trotski; pero una vez derrotado este, Stalin apartó a Bujarin del poder acusándole de «desviacionismo de derechas» (1929). Aunque reapareció colaborando en la redacción de la Constitución de 1936, fue detenido al año siguiente y murió ejecutado en una de las purgas de Stalin, después de una farsa de juicio encaminada a eliminar a un posible rival político.

EVGUENI PREOBRAZHENSKI (1886-1937). Uno de los fundadores del Partido Bolchevique con una ininterrumpida e intensa actividad hasta 1917. Miembro del Comité Central del Partido después de la victoria bolchevique. En el período del comunismo de guerra cumplió importantes misiones para el Ejército Rojo. Participó en la comisión que elaboró el Programa político del Partido en 1918. A partir del X Congreso de 1921 fue designado presidente del Comité de finanzas del Partido y del Consejo de comisarios del pueblo. Uno de los creadores teóricos del bolchevismo, a partir de *El capital* de Marx, interpretó los fenómenos económicos en la sociedad soviética de manera novedosa y estableció importantes premisas científicas para el análisis crítico de la transición socialista en la URSS en los años veinte. Fue una de las víctimas del culto a la personalidad de Stalin.

www.ingramcontent.com/pod-product-compliance
Lightning Source LLC
Chambersburg PA
CBHW020233170426
43201CB00007B/413